FRANCKE

Kristina Roy

Gott war mit ihm

Die Joseph-Geschichte

FRANCKE
Verlag der Francke-Buchhandlung GmbH

Die Deutsche Bibliothek – CIP-Einheitsaufnahme

Roy, Kristina:
Gott war mit ihm : die Joseph-Geschichte / Kristina Roy. –
Marburg an der Lahn : Francke, 1996
(Edition C : H, Heimatlicht ; Nr. 80)
ISBN 3-86122-283-3
NE: Edition C / H

35037 Marburg an der Lahn
Umschlaggestaltung: Gudrun Dresbach
Satz: Druckerei Schröder 35085 Wetter/Hessen
Druck: St.-Johannis-Druckerei, Lahr 31004/1996

Edition C / Nr. H 80

Inhaltsverzeichnis

Vorwort

Wir leben in einer Zeit der Schulen und der systematischen Erziehung. Es wird viel geredet und geschrieben über die Entwicklung des menschlichen Charakters sowie über die Verhältnisse und Umstände, welche dieser Entwicklung hinderlich oder förderlich sind. Nur eins pflegt man zu übersehen: daß ein wahrer, vollkommener, lauterer Charakter einzig und allein von Gott ausgebildet werden kann und daß ihm zu dieser seiner Erziehung alle Dinge, die bösen wie die guten, und alle Verhältnisse und Umstände dienen müssen.

Von solchen, von Gott selbst erzogenen Menschenkindern handelt das Buch „Gott war mit ihm“, das in stillen, mit Gott in Gebet und Bibelstudium verbrachten Morgenstunden entstanden ist. Will jemand von den Betrachtungen Segen haben, dann soll er zunächst in 1. Mose 37-50 immer den betreffenden Abschnitt lesen, von dem die einzelnen Kapitel handeln. Dann kann er selbst prüfen und vergleichen.

Möge dieses Buch, das aus großer Liebe zum Heiland und zu Gottes Wort herausgegeben wurde, so schwach und unvollkommen es auch sein mag, jener Salbe der Maria von Bethanien gleichen, deren angenehmer Duft das ganze Haus erfüllte und das Herz des Sohnes Gottes erfreute.

Die Verfasserin

1. Glückliche Kindheit

1. Mose 37,1-11

Nach langen Jahren des Umherirrens in der Fremde, Jahren voll schmerzlicher Prüfungen, war Jakob, dem der Herr den Namen Israel gab, endlich in das Land gekommen, das der Herr seinem Großvater Abraham, seinem Vater Isaak und ihm selbst als Erbteil verheißen hatte. Er durfte dieses Land sein Vaterland, seine Heimat nennen, hatte es der Herr doch den Nachkommen Abrahams mit einem ewigen Eid zugesichert. Frei und friedlich konnte er hier seine Herden weiden in dem Bewußtsein: Ich bin daheim. – So waren nach so manchen bösen Tagen endlich die Tage der Ruhe gekommen, wenigstens schien es so.

Die größte Freude bereitete dem alternden Jakob sein Liebling Joseph. Dieser war ein ungewöhnlich begabter Junge von schönem Angesicht und anschmiegsamem Wesen. Wenn sein Vater ihm den schönen bunten Rock anzog, dann sah er aus, als wäre er für die Königskrone geboren.

Da er nicht mit seinen Brüdern das Vieh weidete, hielt er sich meistens in der Nähe seines Vaters auf, diente ihm und erheiterte ihn durch seine kindlichen Fragen. Stellen wir uns die beiden vor, wie sie gegen Abend beim Schein der untergehenden Sonne vor dem Zelt saßen: der ergraute ernste Mann, in dessen durchfurchten Zügen zu lesen stand: „Wenig und böse ist die Zeit meines Lebens", und zu seinen Füßen sein schöner Junge, den Lockenkopf in die Hand gestützt. Die großen schwarzen Augen mit dem träumerischen Blick waren auf den Vater gerichtet, während er in atemloser Spannung dessen Erzählung lauschte.

Und der Vater begann zu erzählen, wie es vor langer, langer Zeit gewesen war, als inmitten der schönen Erde das tausendmal schönere Paradies stand, in dem zwei glückliche Menschen lebten. Aber ach, dann hatten sie durch Hochmut und Ungehorsam gesündigt und mußten für immer aus dem Garten Eden hinaus, und nie, nie mehr durften sie dahin zurückkehren. Oh, wie sehnte sich der Junge danach, auch nur einen Blick in dieses wunderschöne Paradies werfen zu dürfen! Aber der Vater erzählte weiter, wie den Stammeltern der Menschheit zwei Söhne geboren wurden. Der ältere, Kain, war neidisch, stolz und widerspenstig; der jüngere, mit Namen Abel, war sanft, still und fromm; und wie dann Kain seinen Bruder Abel aus Neid erschlug und damit seinen armen Eltern großes Leid bereitete. Ein anderes Mal wieder erzählte der Vater – und diese Geschichte mußte er dem Jungen sehr oft wiederholen –, wie dann die Erde schon mit Menschen bevölkert war. Aber diese waren alle böse, sie gehorchten dem Herrn nicht, sondern lebten nur für sich und nach ihrem eigenen Willen; sie aßen, sie tranken unmäßig, sie trieben Unzucht und erfüllten so die schöne Erde mit ihren Greueln. Schließlich wollte es der Herr nicht länger mit ansehen und kündigte an, daß eine Sintflut kommen werde, um dieses ganze sündige Volk zu verderben. Inmitten all dieser Menschen fand sich nur ein einziger Mann, namens Noah, den Gott samt seiner kleinen Familie begnadigen konnte. Diesem befahl Gott, eine Arche für sich und die Tiere zu bauen, die er paarweise am Leben erhalten sollte. 120 Jahre lang wurde an der Arche gebaut, und in dieser ganzen Zeit verkündete Noah den Leuten, welche ihm bauen halfen, sowie denjenigen, welche in Scharen herbeiströmten, um zuzuschauen, daß eine Strafe für die Sünde, nämlich eine Sintflut, kommen werde. Aber niemand glaubte ihm. Sie nannten ihn einen alten Narren, und sie verlachten ihn, als Noah mit seiner Familie und den Tieren in den Kasten ging. Aber kaum hatte der Herr selbst hinter ihm zugeschlossen, da ballten sich die Wolken zusammen, und das Gericht Gottes brach herein. Das Geheimnis, das vor 120 Jahren ein Engel dem anderen schaudernd zugeflüstert hatte, wurde Wirklichkeit: Aus Gottes Mund sei das Urteil ergangen: „Ich will die Menschen, die ich geschaffen habe, vertilgen von der Erde“, und das ungläubige, sorglos dahinlebende Menschengeschlecht, das seine Gnadenzeit verscherzt hatte, sollte nicht nur bestraft, sondern gänzlich vernichtet werden. Denn ein lange andauerndes Betrüben Gottes ziehe immer das Verderben nach sich über den Menschen, der Gott nicht durch wahre Reue erfreuen wollte. Ja, das Gericht Gottes brach herein; die 120 Jahre währende Gnadenzeit war vorbei, und 190 Tage des göttlichen Zorngerichtes genügten, um alle Gottlosen auszurotten, als wären sie nie auf der Erde gewesen. O Sünder, 60 Jahre kannst du die Gnade Gottes erhalten oder aufs Spiel setzen; aber denke daran, daß drei Minuten und drei Tage des Zornes Gottes genügen, um dich unter die Erde zu bringen, ja, dich so von der Erde zu vertilgen, daß nicht einmal ein Andenken an dich zurückbleibt.

Wenn Joseph den Vater von diesem ernsten Ereignis erzählen hörte, dann interessierte ihn besonders der Umstand, daß sein Urahne Tharah, der Vater Abrahams, diesen wunderbaren Noah, der als einziger auf Erden übrig geblieben war, persönlich gekannt hatte. Und aus seinem Munde hatte er gehört, wie es vor der Sintflut, während derselben und nachher auf Erden aussah. Ach, wie gerne hätte Joseph diesen Noah auch gekannt!

Ziemlich oft, wenn die Wolken über den Libanon oder

den Berg Morija heraufzogen oder Nebelschleier das freundliche Antlitz des Mondes verhüllten, stellte sich der Junge jene düsteren Wolken vor, welche sich damals über der Erde zusammenballten, ehe das Verderben hereinbrach. Ach, jene Wasser hatten nicht nur die ganze damalige Erde und nicht nur das ganze Menschengeschlecht vernichtet, sie hatten auch jenes wunderschöne Paradies hinweggeschwemmt. Nun gab es kein Paradies mehr auf Erden; vergeblich würde man es suchen!

Bei solchem Erzählen vergaß Joseph oft alles um sich her. Zwei Dinge prägten sich tief in sein Herz: heilige Furcht vor dem gerechten, heiligen Gott, der die Sünde nicht ungestraft läßt, und tiefe Abscheu vor der Sünde. Diese beiden Begriffe faßten so tiefe Wurzeln in dem jungen Herzen, daß der Junge später bereit war, eher zu sterben, als zu sündigen.

Manchmal, wenn Jakob mit seinem Sohn in Mamre war, erzählte er ihm, welche Ehre Abraham dort widerfahren war, als der Herr ihn in Begleitung zweier Engel besuchen kam und seine Bewirtung annahm; bei dieser Gelegenheit hätte Abraham vom Herrn sogar Sodom losbitten können, wenn sich nur zehn Gerechte darin gefunden hätten; aber sie fanden sich nicht. Mehr als einmal stand Joseph an dem Toten Meer und dachte daran, daß hier die sündigen Städte Sodom, Gomorrha und Adama lagen, deren Geschrei bis zum Himmel gestiegen war. Und wenn er ins Land Morija kam, dann dachte er an seinen Großvater Isaak, wie dieser einst das Holz auf seinem Rücken zu dem Brandopfer getragen hatte, das er selbst werden sollte. Kamen sie nach Bethel, dann schlief er am liebsten draußen vor dem Zelt und sehnte sich danach, daß sich auch ihm die Pforte des Himmels öffne und er – wie damals sein Vater auf der Flucht nach Haran – die Engel Gottes auf- und niedersteigen sehen würde. Das sah er zwar niemals; aber wenn er so voll von heiliger Sehnsucht einschlief, dann hatte er manchmal süße Träume, und zwei davon waren so lebendig und so seltsam! – Und ein anderes Mal sah er am Himmel die Sonne, den Mond und elf schöne Sterne glänzen, und alle sahen auf ihn, und plötzlich verneigten sie sich vor ihm. Dieser Traum beschäftigte ihn noch lange.

Joseph lebte von seiner Kindheit an so, daß man von ihm wie einst von Henoch sagen konnte, daß er „beständig mit Gott wandelte". Er hatte früh sein ganzes Herz Gott übergeben, und als ihn Jakob schließlich zu seinen Brüdern schickte, damit er ihnen diente, trug er schwer daran zu sehen, daß sie so gottlose Reden führten. Er konnte es seinem Vater nicht verschweigen; er bat ihn, sie zu ermahnen, was sicherlich geschah. Aber deshalb zürnten die Söhne Jakobs ihrem Bruder, ja sie haßten ihn sogar, besonders als sie sahen, wie sehr der Vater ihn liebte und sie zugeben mußten, daß Joseph der Liebe des Vaters voll und ganz würdig war. Sie wußten, daß auch sie so leben sollten, wie Joseph lebte, daß auch sie dem Herrn dienen sollten. Aber das wollten sie nicht, und darum haßten sie ihren Bruder, so wie einst Kain Abel gehaßt hatte. Joseph mußte manches von seinen Brüdern ertragen, und das allein trübte das Glück seiner Kindheit. Um so inniger liebte er sein Brüderchen Benjamin und freute sich, daß er in ihm später, wenn dieser etwas herangewachsen sein würde, einen verständnisvollen Kameraden finden würde.

Josephs Träume waren selbst Jakob auffällig und sogar unangenehm, denn er fürchtete, daß sie den Jungen zu Hochmut verleiten könnten. Seine Brüder aber haßten ihn seitdem um so mehr. So vergingen 17 Jahre.

2. Verkauft

1. Mose 37,12-28

Eines Morgens stand Joseph wie gewöhnlich frohen Mutes auf und wollte an seine gewohnte Arbeit gehen; zuvor jedoch eilte er, um seinem Vater einen „guten Morgen“ zu wünschen; und dieser trug ihm auf, zu seinen Brüdern nach Sichem zu gehen. Wahrscheinlich sollte er ihnen irgendeine Erfrischung sowie eine Botschaft vom Vater überbringen. Für Joseph war es nicht ganz leicht, zu den Brüdern zu gehen, denn er wußte, daß er von ihnen keine Liebe erwarten durfte; aber an Gehorsam gewöhnt, machte er sich bereitwillig auf den Weg.

Stellen wir uns vor, wie Jakob beim Abschied vor dem Zelt stand und ihm nachsah. Noch einmal wandte der schmucke Junge sein strahlendes Gesicht dem Vater zu. Ein dankbares, sonniges Lächeln umspielte die Lippen, und vor Jakobs schwachen Augen entschwand sein Sonnenstrahl. In der Ferne leuchtete noch der bunte Rock – dann ging Jakob ins Zelt, ahnungslos, daß dies ein Abschied für lange Zeit gewesen war, ja, daß er diesen schwarzlockigen Jungen überhaupt nicht wiedersehen sollte. Ebensowenig wußte Joseph, als er sich noch einmal nach dem väterlichen Zelt umdrehte, daß dies das letzte Lebewohl war, und daß er dieses Plätzchen heimatlicher Erde niemals wiedersehen würde. Ja, er wußte nicht, daß dieser Morgen anders war als sonst irgendein Morgen im Jahre, sondern daß er heute an der Grenze der goldenen Kindheit angelangt war; er wußte nicht, daß das sorglose Leben mit der heutigen Nacht ein Ende hatte und niemals wiederkehren würde.

Joseph kam nach Sichem, aber seine Brüder waren nicht dort. Er machte sich auf, um sie zu suchen, und suchte gewissenhaft, bis er sie gefunden hatte. Er brachte ihnen Nahrung und Kleidung und richtete die Aufträge seines Vaters aus; er tat alles, wie es ihm befohlen war. – Und die Vergeltung? Was für eine Vergeltung erwiesen die Brüder Joseph? – Nun, eine solche, wie nach Hunderten von Jahren andere Brüder ihrem guten, treuen Bruder zuteil werden ließen. Er hatte seinen himmlischen Vater verlassen, um ihnen seine Botschaft, frische Nahrung, ein reines Gewand zu bringen und um seine Brüder zu suchen; ja, um zu suchen und selig zu machen, was verloren war. Und als er zu ihnen kam, da nahmen sie seine Botschaft nicht an, und das weiße Kleid, das er ihnen anbot, verachteten sie. Ihn aber schlugen sie, verkauften und töteten ihn.

Kehren wir zu unserem Jungen Joseph zurück, und werfen wir vor allen Dingen einen Blick auf seine Brüder. Sie erkannten ihn von weitem an seinem schönen bunten Rock, vielleicht auch an dem leichten Schritt. Und in ihren Herzen regte sich vor allem die Befürchtung: „Er wird wieder etwas Unrechtes an uns sehen und uns verklagen" – und dann die Verbitterung: Sollte das für immer so bleiben? Dieser Bruder, der das ganze Herz des Vaters für sich gewonnen hatte und der außerdem so stolze Träume hatte, die ihn über sie alle erhob, – dieser verhaßte Bruder, der unter ihnen so lebte, wie sie hätten leben sollen, es aber nicht konnten, weil sie nicht wollten, und der ihnen immer als Beispiel hingestellt wurde; – sollte der ihnen immer ein lebendiger Vorwurf bleiben? Auf gar keinen Fall, das mußte ein Ende nehmen!

Als Joseph raschen Schrittes in ihre Nähe kam und ein freundliches „Salem!" (Friede) von seinen Lippen erscholl, –

da war schon sein Ende beschlossen. Er sollte getötet und in eine Grube geworfen werden, damit sie sagen könnten, ein wildes Tier habe ihn gefressen. „So wird man sehen, was seine Träume wert sind."

Nur Ruben erhob seine Stimme, um Joseph zu retten. Ruben hatte sich einmal in grober und schwerer Weise gegen seinen Vater versündigt. Diese Sünde beraubte ihn für immer seiner Sohnesrechte und trennte ihn dauernd von dem Herzen des Vaters. Er konnte wohl niemals mehr Frieden finden; er wußte, wie schwer er sich gegen seinen Vater vergangen hatte und daß sich diese Sünde nicht aus der Welt schaffen ließ. Das quälte ihn, und darum wollte er verhindern, daß erneutes Leid das Herz seines Vaters treffe. Aber er konnte nicht vor seine Brüder treten und sprechen: „Fügt dem Vater nicht diesen Schmerz zu", denn sie alle hätten ihn voll Verachtung angeblickt: „Das willst gerade du uns sagen, der ihm solche Schande und solchen Kummer bereitet hat?" So versuchte er es mit List, und es gelang ihm, die Brüder für seinen Vorschlag zu gewinnen. Sie waren bereit, Joseph in die Grube zu werfen und ihren armen, unschuldigen Bruder dem Hungertod preiszugeben. Denn wenn sie mit ihren Herden weitergezogen sein würden, würde sich kein menschliches Wesen mehr in diese Einöde verirren. Sollte er dann ruhig hungern nach der Fülle in seines Vaters Haus, ihretwegen konnte er hier allmählich verschmachten und dabei über seine Träume nachdenken.

Der Vorschlag Rubens erschien den Brüdern noch viel vorteilhafter. Ruben aber dachte: „Sie sollen nur erst alle fortgehen, dann will ich Joseph befreien und ihn dem Vater wiederbringen, und wenn mein Vater das erfährt, vergibt er mir vielleicht. Und auf diese Weise kann ich etwas von meiner Schuld wiedergutmachen."

Unterdessen war Joseph bei ihnen angekommen. „Friede sei mit euch!" rief er fröhlich; er legte seine Last ab, richtete seine Botschaft aus und – hätte sagen können: „Sie umgeben mich wie Bienen." Ich denke nicht, daß die Söhne Jakobs ohne alle Umstände Joseph ergriffen haben; nein, erst fingen sie mit ihm Streit an: „Bist du wieder gekommen, um zu spionieren, was wir hier tun, damit du uns bei unserem Vater anklagen kannst?" Joseph blieb die Antwort nicht schuldig; er beteuerte seine Unschuld, er berief sich auf den Vater, der ihn geschickt hatte so wie 2000 Jahre später der himmlische Joseph ausrief: „Ich bin nicht gekommen von mir selbst, sondern mein Vater hat mich gesandt." – „Du willst dich wohl über uns erheben?" zankten die Brüder weiter; „ist Jakob nicht auch unser Vater, ist er etwa nur dein Vater?" – So gab ein Wort das andere, bis sie ihn endlich faßten, ihm den bunten Rock zerrissen, ihn fesselten und dann in die leere Zisterne warfen. Oh, wie flehentlich bat Joseph! Wie bitterlich weinte er! Wie ängstlich rief er: „Vater, Vater, wo bist du? Hilf mir!", bis sein Rufen in der schlammigen Tiefe verstummte. Und während noch hin und wieder aus der Zisterne ein dumpfes Stöhnen zu vernehmen war, saßen die herzlosen Brüder in der Nähe und teilten das Brot unter sich, das er ihnen gebracht hatte. – So gibt es auch heutzutage manche, die das Brot des Lebens, das Wort Gottes, teilen und davon leben und dabei Jesus und sein Blut mit Füßen treten.

Nur Ruben wollte nicht essen. Er hatte Joseph nicht in die Zisterne geworfen; aber er hatte es auch nicht verhindern können, denn ein Mensch, dem die Sünde die Hände gebunden hat, hat noch nie einen anderen Menschen vor dem Abgrund gerettet. – Um nicht das Stöhnen des Bruders anhören zu müssen, ging er fort. Er wollte zurückkommen, wenn die Brüder den Ort verlassen hatten; er kam auch zurück, aber er kam zu spät!

Während die Brüder aßen, näherte sich ihnen eine Karawane von Ismaelitern. Auf Kamelen führten sie kostbare Waren nach Ägypten, und außerdem trieben sie eine Anzahl gefesselter Menschen vor sich her, lebendige Ware, die sie gleichfalls auf den Markt bringen wollten. Jakobs Söhne sahen den Zug, und Juda schlug vor: „Was haben wir davon, wenn wir unseren Bruder erwürgen und sein Blut verwischen?“ Und innerlich sagte er vielleicht: „Auch wenn uns unser Gewissen quält, so ist unsere Schuld doch nicht so groß“. „Kommt, wir wollen ihn den Ismaelitern verkaufen, so daß sich unsere Hände nicht an ihm vergreifen; denn er ist unser Bruder, unser Fleisch und Blut.“

Welche Großherzigkeit, jetzt, wo es sich um einen Gewinn handelte! „Ja, ja!“ riefen sie einstimmig. Sie liefen zur Zisterne, um Joseph zu holen; sie zogen ihn heraus und lösten seine Stricke. Sie nahmen sogar den Dank des armen Jungen an.

Doch wer beschreibt das Entsetzen, das Jakobs Liebling erfaßte, als er begriff, was sie mit ihm vorhatten, und als er sah, wie Juda sich 20 Silberlinge auszahlen ließ, bevor er ihn dem ismaelitischen Händler übergab!

O Joseph, Joseph! Wo ist deine Freiheit? Wo dein Vaterhaus? Die tränenüberströmten Augen sahen allmählich das Bild der vertrauten Heimat nicht mehr, die Höhe des Libanon verlor sich in der Ferne, all das schwand für immer dahin, auch die glückliche Kindheit und das königliche, freie Leben. Vor ihm lag die Wüste und die Sklaverei! Nichts auf Erden war ihm geblieben, nur Gott, der Gott seiner Väter, der mit seinem Vater nach Haran gegangen war. Er war ihm geblieben!

In den ersten Stunden überkam Joseph eine geistige Stumpfheit, wie sie großen Kämpfen und seelischen Erschütterungen häufig folgt. Dann kam der heftige Schmerz und die unaussprechliche Sehnsucht nach dem geliebten Vater, und damit kehrten alle Vorstellungen des vergangenen Lebens zurück. Mit gesenktem Kopf ging der Junge weiter und dachte daran, wie sie mit dem Vater in Bethel oder in Berseba und in Mara dem lebendigen Gott gedient hatten, und rief sich alles ins Gedächtnis zurück, was er von seinem Vater gehört hatte. Ach, das, was ihn getroffen hatte, war viel schwerer als das, was einst seinem Großvater Isaak widerfahren war. O hundertmal lieber von den Händen des eigenen Vaters geopfert werden, als für immer ins heidnische Land in die Sklaverei gehen! Die Ismaeliter störten den Jungen nicht in seinem Grübeln, und der Weg war weit. Es waren böse, gottlose Leute, und er war unter ihnen mit seinem Gott so allein, wie einst Noah in der ersten gottlosen Welt oder wie Lot in Sodom. „Gott hat ihnen geholfen, er wird auch mir helfen," dachte er. Joseph war von klein auf gewöhnt, zu beten und an Gott zu denken; aber als es ihm zu Hause so glänzend ging, hielten ihn manchmal so manche Ablenkungen davon ab. Nun, wo er alles verloren hatte, klammerte er sich mit allen Fasern seines Herzens an Gott, übergab sich ihm völlig in dem Entschluß, ihm zu vertrauen wie Abraham und mit ihm zu leben wie Henoch – jener wunderbare Mann, von dem ihm sein Vater erzählte, daß er immer mit Gott lebte, bis er von den Leuten schließlich nicht mehr gesehen wurde, weil ihn der Herr entrückte. Auch er wollte inmitten einer heidnischen Welt Gott treu bleiben, wie es Noah und Lot getan hatten. Und vielleicht würde der Herr schenken, daß sein Vater seinen Aufenthaltsort erfahren und ihn zurückkaufen konnte. Diese schöne Hoffnung war der erste Sonnenstrahl, der in die dunklen Gedanken des Jungen schien.

So kam er nach Ägypten. Auf dem Sklavenmarkt fand sich Potiphar, der Kämmerer des Königs und Hauptmann der Leibwache, ein. Er brauchte gerade einen geschickten Sklaven für den Zimmerdienst; er sah den schönen bleichen Jungen und kaufte ihn. – Armer Joseph!

3. Die zehnfache Vergeltung

1. Mose 37,29-36

Unterdessen wollte Ruben zu seinen Brüdern zurückkehren. Unterwegs dachte er wohl darüber nach, wie er Joseph am leichtesten befreien und am sichersten zu seinem Vater bringen könnte, damit ihm die anderen Brüder nichts antun konnten. So kam er zur Zisterne – und sie war leer. Schreck und Entsetzen überkamen ihn so stark, daß er in tiefstem Schmerz sein Kleid zerriß. Bei seinen Brüdern angekommen, fragte er nicht mehr danach, was sie dazu sagen würden, wenn sie von seiner Teilnahme für den Vater und seiner Absicht, Joseph zu retten, erfuhren: „Der Junge ist nicht da; was soll ich tun?“ rief er händeringend aus. „Die einzige Gelegenheit, die sich mir bot, meinen Vater zu versöhnen und meine Sünde wiedergutzumachen, ist vorbei! Da ich mit euch unterwegs war, wird mein Vater niemals glauben, daß ich keine Schuld an Josephs Tod habe. Und wenn er mit der Zeit euch allen vergibt, mir wird er niemals vergeben. Ach, wo soll ich hin? Ich kann ohne Joseph nicht vor den Augen meines Vaters erscheinen.“

„Habe keine Angst“, beruhigten ihn die Brüder, „Joseph lebt!“ Sie erzählten ihm, was geschehen war. „Damit die Schuld weder auf dich noch auf uns fällt, werden wir den Vater täuschen. Hier ist Josephs Rock; wir werden einen Ziegenbock schlachten und den Rock in das Blut tauchen; unser Vater sieht nicht mehr gut, er wird den Unterschied nicht erkennen und sicher glauben, daß ein wildes Tier ihn zerrissen hat – und sei froh, daß wir den Ankläger für immer los sind.“

Ob Ruben sich beruhigte, als er den Boten mit dem blutigen Rock fortgehen sah, ist eine andere Frage. Aber wahrscheinlich beruhigte ihn die Hoffnung, daß es vielleicht möglich sein würde, den Bruder loszukaufen. Und wollte Ruben ganz aufrichtig gegen sich selbst sein, dann mußte er sich vor allem eingestehen, daß es ihm in der Nähe des gewissenhaften Josephs nie wohl gewesen war, besonders als er bemerkte, welche große Abneigung Joseph gegen Sünde empfand und bei jeder Gelegenheit an den Tag legte. „Er weiß noch nicht, was ich getan habe", dachte Ruben, „aber wenn er es erfährt – mit was für einem Blick wird er mich ansehen? Und kommt Joseph nicht zurück, dann wird er es wenigstens nie erfahren." Und er, Ruben, war ja an Josephs Verkauf völlig unschuldig. Oh, nichts ist so leicht zum Schweigen zu bringen wie das abgestumpfte Gewissen eines sündigen Menschen!

Sehnsüchtig hielt Jakob nach seinem geliebten Jungen Ausschau. Er hätte längst zurück sein müssen. Wohl zehnmal trat Jakob vor das Zelt hinaus und hielt die Hand über die schwachen Augen. Er schaute und schaute, er wartete, er lauschte, ob er nicht in der Ferne den wohlbekannten Schritt des Sohnes höre. O unglücklicher Vater, nie mehr wird dieser leichte Schritt, von fröhlichem Gesang begleitet, an dein Ohr dringen! Oft geschieht es, daß uns vor einem schweren Unglück eine bange Ahnung erfaßt; wir fühlen, daß etwas Böses geschehen wird. Auch Jakob ahnte etwas, und die Befürchtung, die oft in ihm laut wurde, wenn Joseph zu seinen Brüdern ging –, sein Liebling könnte unterwegs von einem wilden Tier angefallen werden – ergiff ihn auch heute. Endlich vernahm er Schritte und das Geklapper hölzerner Sandalen. Knechte kamen. Jakob hörte sich weder ihren Gruß noch die Botschaft von seinen Söhnen an. Seine erste

Frage war: „Habt ihr Joseph nicht gesehen? Wo ist Joseph? Ist er nicht bei euch?“ Er fragte nach seinem Sohn, und sie – sie brachten ihm dessen blutigen Rock. O welch ein Leid, welch unbeschreibliches Leid!

In vergangenen Tagen hatte Jakob die Kleider seines Bruders Esau angezogen und dadurch seinen blinden Vater Isaak getäuscht, – und jetzt empfing er den zehnfachen Lohn seiner Sünde. Zehn seiner Söhne betrogen ihn mit dem Rock Josephs, als er nicht mehr gut sehen konnte. Aber es vergingen viele Jahre, ehe er diese Gerechtigkeit Gottes erkannte. – Wie oft fragen wir, warum Gott dies oder jenes geschehen ließ, und es ist vielleicht nur die natürliche Folge einer Sünde; denn die Sünde ist ein Stein, der immer auf den zurückfällt, der ihn geworfen hat.

„Ach“, rief Jakob in unbeschreiblichem Schmerz, „es ist der Rock meines Sohnes! Ein wildes Tier hat Joseph zerrissen. – Nicht zu Unrecht habe ich immer um ihn gebangt. Hätte ich ihn nur diesmal nicht gehenlassen!“ Jakob erinnerte sich, wie er draußen vor dem Zelt für immer von seinem Sohn Abschied nahm; immer wieder sah er das geliebte schöne Gesicht seines Lockenkopfes vor sich, das letzte Lächeln seines Sonnenstrahls, das dankbare Aufleuchten der schönen schwarzen Augen. Ach, dieser geliebte Sohn war für immer verloren, und der unglückliche Vater konnte ihn nicht einmal begraben! – Unbegreiflich ist die Härte und die Unverschämtheit mancher Menschen. Die Söhne Jakobs kamen mit ihren Frauen und weinten Joseph geheuchelte Tränen nach. Sie waren imstande, den tiefen, verzehrenden Schmerz ihres Vaters mit anzusehen, ohne zu sagen: „Weine nicht, Vater! Joseph ist nicht tot, er lebt. Wir haben ihn zwar nach Ägypten in die Sklaverei verkauft, aber wenn du willst, dann wollen wir alle Sklavenmärkte absuchen, um ihn dir zurückzukaufen." Aber das sagten sie nicht; dann hätten sie ihre Schuld zugeben müssen und sich den Zorn des Vaters zugezogen, und zuletzt hätten sie vielleicht wirklich ihren Bruder Joseph gefunden. Nur das nicht! Dann würde er wieder nach Hause kommen und ihnen ein noch größerer Vorwurf sein. Der Vater würde sich mit der Zeit schon beruhigen –, hatte er doch noch Benjamin zum Trost.

O wie traurig mußte es in Jakobs Zelt aussehen ohne seinen Sonnenschein Joseph! Armer Jakob!

4. Ein schwarzer Fleck

1. Mose 38

Überspringen wir dieses Kapitel; es gleicht einem großen schwarzen Flecken in der Geschichte der sündigen Menschheit. Ähnliches hat sich hundertmal auf Erden wiederholt. Die Welt war und ist voll von Unmoral und Schuld aller Art. Aber daß gerade der Stamm Juda sich durch zwei solche Fälle hervortat, ist ernster Beachtung wert, um so mehr, weil gerade aus dem Stamm Juda und der aus so großer Sünde hervorgegangenen Familie Perez der reine, heilige Jesus geboren wurde. Da es aber unmöglich ist, daß ein Reiner von Unreinen kommt, ist gerade dieser Umstand ein Hinweis darauf, daß Jesus nicht durch den Willen des Mannes, sondern durch den Heiligen Geist gezeugt ist, darum konnte ihm der Makel, der an Juda und an Perez klebte, nicht anhaften. Zugleich ist dies auch ein Siegel der großen Gnade Gottes und der wunderbaren Tatsache, daß der Sohn Gottes und Marias es schon durch seine Geburt bewies, daß er der Freund der Sünder war und daß er kam, um sie zu erlösen. Juda aber ist uns ein warnendes Beispiel dafür, was ein Mensch begehen kann, der ohne Gott in der Welt lebt und nicht durch den Glauben an die beständige Nähe Gottes von der Sünde abgehalten wird.

Juda war ein hervorragender Mann im Haus Jakobs. Sein ganzes Auftreten flößte seiner Umgebung Respekt ein. Dabei war er ein gefallener Mann. Aber richten wir ihn nicht. Es gibt auch heute in der Welt mehr als einen solchen Juda, der vielleicht nie wegen seiner Sünde Buße tut, und die Welt verneigt sich vor ihm.

5. Sieg

1. Mose 39,1-20

Wie ein von der Sonne beschienener klarer See hin und wieder neben einem trüben, schmutzigen Sumpf liegt, so liegen in diesem Buch die beiden Kapitel 38 und 39 nebeneinander: Im ersten ein Mensch, der ohne Gott lebt, und seine Werke, im zweiten die Früchte eines Lebens mit Gott.

An den Ufern des Nils, des heiligen Flusses der Ägypter, liegt die herrliche Königsstadt. Über ihr wölbt sich der wolkenlose Himmel des Orients. Glühende Sonnenstrahlen spielen in den glänzenden hohen Obelisken und Pyramiden und bescheinen die Gärten auf den Dächern sowie die prächtigen Paläste und Häuser, welche mit ihren marmorweißen Säulen seltsam von dem dunklen Hintergrund abstechen. Dazwischen Kakteen voll großer roter oder rosa Blüten, aber mit Stacheln versehen, ein Bild der Freude, die den Menschen, wenn er sie genießen will, schmerzhaft verwundet, ja mitunter tötet. Stellen wir uns solch einen wolkenlosen Sommermorgen vor; versetzen wir uns in einen jener Paläste in der Nähe des Nils. Blicken wir in das Innere einer Halle, deren Mosaikboden mit prächtigen Teppichen bedeckt ist. Feine weiße Musselinvorhänge fallen an den Säulen herab, und zwischen blühenden Myrtenzweigen, duftenden Orangenbäumen, bunten Kakteen, feurigen Granatblüten und duftenden Tuberosen stehen gleichfalls mit Teppichen bedeckte Ruhebänke aus Marmor. Ja, stellen wir uns solch einen prunkvollen morgenländischen Saal vor, dessen betörende Pracht uns wie ein Märchen erscheinen würde. Aber es ist kein Märchen; in Ägypten war einst solche Pracht zu finden, und das Leben dort war so glänzend und üppig, wie wir Abendländer es uns nur schwer vorstellen können.

Die breite Treppe, welche erst auf einen Gang und von dort in einen Gartensaal führt, steigt ein junger Mann hinauf. Sein schönes jugendliches Gesicht sowie die großen träumerischen Augen tragen den Ausdruck ungewöhnlicher Klarheit, tiefen Friedens und ernster Festigkeit. Die schlanke, prächtig gewachsene Gestalt umhüllt ein langes, weißes, von einem Gürtel umschlossenes Kleid, darüber fällt ein bunter Mantel herab. Hier in Ägyptens Glanz und Pracht treffen wir nach Jahren unseren Joseph wieder! Aber welche Veränderung ist mit ihm vorgegangen, seit wir ihn zuletzt gesehen haben!

Oben angekommen, blieb der junge Mann stehen und blickte zum blauen Himmel hinauf. Dann faltete er die Hände, senkte den Kopf, und da die Pflicht noch nicht rief, versank er in ein stilles Nachdenken. Er gedachte an die Tage seiner glücklichen Kindheit, die er weit entfernt unter dem Gebirge Libanon verlebt hatte; er erinnerte sich an die Heimat, das väterliche Zelt, den geliebten Vater. Er gedachte an den schrecklichen Augenblick, als ihm dies alles für immer entrissen worden war. Aber er gedachte auch, wie herrlich sein Gottvertrauen gestärkt wurde; lebte Joseph treu in der beständigen Gegenwart Gottes, so war Gott noch treuer gegen ihn. Da er mit Gottes Hilfe seinen Kummer heldenmütig überwand, wurde er zu jeder Arbeit geschickt; auch als es galt, ungewohnte Arbeit zu tun, tat er es im Blick auf Gott, und der Herr half ihm und legte sichtbaren Segen auf alles, was er tat. Sehr bald merkte Josephs Gebieter, welchen kostbaren Schatz er an dem hebräischen Jungen hatte; er gewann ihn lieb. Von jenem Tag an wurde Joseph nicht mehr als Sklave behandelt. Er bekam ein anständiges Kleid und wurde der Verwalter im Haus seines Herrn. So treu und gut verwaltete er dessen Güter, daß dieser einen sichtbaren Gewinn erzielte. Potiphar liebte Joseph. Er vertraute ihm so sehr, als wäre er sein eigener Sohn. Da er der Hauptmann der königlichen Leibwache war und seine hohe militärische Stellung ihn Tag für Tag von zu Hause abrief, war er froh, solch einen treuen Diener zu haben. Sehr oft, wenn er nach Hause kam und Joseph zu sich kommen ließ, sprach er lange und freundlich mit ihm und nahm seine ernsten, gewissenhaften Vorschläge im Hinblick auf die Verwaltung seines großen Besitzes gerne an. Es kam auch vor, daß Joseph seinen Herrn auf manches bei seiner Dienerschaft aufmerksam machte, wie er es daheim im väterlichen Haus getan. Dabei hatte Potiphar Gelegenheit, Josephs Ansichten über die Sünde und sein unerschütterliches Gottvertrauen kennenzulernen. Er achtete ihn, obwohl Joseph noch ein Junge, Potiphar aber, nach der Position zu urteilen, die er einnahm, bereits ein älterer Mann war.

An das alles dachte Joseph in jenem Augenblick und pries die gnädige Führung Gottes, die ihn in dieses Haus gebracht hatte, wo es ihm seit einigen Jahren über Erwarten gutging.

Aber mitten in diesem Dankgebet überzog plötzlich eine Wolke seine Stirn, und eine plötzliche Röte überflutete sein schönes Gesicht. Er dachte an die einzige Plage, die er in diesem Haus hatte und die ihm viel Kummer verursachte. Das war die Neigung seiner Herrin zu ihm. Wie schon erwähnt, war Potiphar ein älterer Mann, aber er hatte eine schöne junge Frau, die er wahrscheinlich sehr liebte, und der er, wie dies sein guter Charakter mit sich brachte, völlig vertraute. Ob diese Frau ihn liebte, als sie ihn heiratete, ist eine andere Frage. Wahrscheinlich war dies nicht der Fall. Vielleicht kam sie einige Jahre später als Joseph in Potiphars Haus, und Joseph wurde zu ihrem Diener bestimmt. Wir können uns vorstellen, welche Gefühle das Herz der jungen Herrin bestürmten, als sie zum ersten Mal in diese wunderbaren, seelenvollen Augen ihres Dieners blickte. Vielleicht wurde sie bis in ihre Träume von diesem jungen Gesicht verfolgt. Sicherlich kamen im Leben der reichen jungen Dame, die ohne Beschäftigung und nur zu ihrem Vergnügen lebte, Tage und Stunden der Langeweile, und da tat es ihr gut, ein wenig mit dem ungewöhnlich gebildeten Diener ihres Mannes zu plaudern. Joseph, der so gewaltsam der Heimat entrissen worden war, empfand seiner jungen Herrin gegenüber aufrichtige Teilnahme, und um ihr die Zeit zu verkürzen, erzählte er ihr bereitwillig, wovon sein Herz ohnehin voll war, vom Land seiner Vorfahren, von seinem Vater und seiner glücklichen Kindheit, vielleicht auch davon, wie er hierher gekommen war. Er ahnte nicht, daß seine Worte in dem Herzen seiner Herrin das gefährliche Feuer einer brennenden Leidenschaft entzündeten.

So ging es vielleicht eine ganze Weile. Aber kein Feuer kann auf die Dauer verborgen bleiben; wenn es brennt, greift es um sich und wird irgendwann offensichlich. Anfangs verstand Joseph seine Herrin nicht, obwohl ihn ihre leidenschaftlichen Worte bedrückten. Aber dann kam ein Moment, an den er nur voller Scham zurückdenken konnte, ein Moment, als sie ihm ihre heiße Liebe bekannte und um Gegenliebe bat und bettelte. Wer beschreibt das Entsetzen des jungen Mannes? Er hatte das Bild seines Herrn, der ihnen beiden vertraute, vor Augen. Welche Antwort sollte er der bis dahin so verehrten Herrin geben? Es mag sein, daß Joseph das erste Mal einer Antwort auswich, aber ähnliche Auftritte wiederholten sich nun oft und immer öfter, denn die Begierde ist für den, der sie hegt, ein quälender Tyrann, und für den, auf den sie sich bezieht, nicht weniger.

Die Lage des unglücklichen jungen Mannes gestaltete sich von Tag zu Tag schwieriger. Vergeblich berief er sich vor der ehrvergessenen Frau auf seinen Herrn; vergeblich erinnerte er sie daran, daß er das große Vertrauen, das sein Herr in ihn gesetzt hatte, nicht auf so schändliche Weise täuschen könne; vergeblich versicherte er seiner Herrin, daß das, was sie begehrte, eine große Sünde sei; nicht nur gegenüber einem guten Ehemann, sondern vor allem dem großen, heiligen Gott gegenüber, die er niemals begehen könne. Ach, alles war vergebens; denn je standhafter er blieb, desto mehr brannte sie auf die Befriedigung ihrer Begierde. Erst recht aber, als sie erkannt hatte, wie sehr sie sich vor ihrem Sklaven erniedrigt hatte, und daß sie, falls er nicht nachgebe, in seinen Augen verächtlich erscheinen und er in seiner Reinheit hoch über ihr stehen würde.

Welcher Mensch, der in den Schlamm der Sünde gesunken ist, würde darin bleiben, ohne zu versuchen, auch andere in diesen Schlamm hinabzuziehen? Die Frau hatte ihrem Mann schon die Treue gebrochen; nun wollte sie, daß auch Joseph seinem Herrn die Treue breche, damit sie gleich schuldig wären. Welche Qualen mußte das Herz des jungen Mannes erdulden! Erst jetzt empfand er wirklich, daß er ein Sklave war und keine Möglichkeit hatte, sich dieser Qual zu entziehen und dieser furchtbaren Versuchung zu entgehen. Außerdem hatte er keinen Menschen, mit dem er sich beraten konnte. Hätte irgendeine Sklavin im Haus sich so gegen ihn benommen, dann hätte er seinen Herrn gebeten, entweder sie oder ihn zu verkaufen, weil er nicht länger mit ihr unter einem Dach leben könne. Aber wie konnte er zu seinem Herrn gehen und durch seine Mitteilung das Herz des Mannes, der ihm väterliches Wohlwollen entgegengebracht hatte, tödlich verwunden? Ach, das war unmöglich! Lieber wollte er kämpfen, dulden und – schweigen.

Auch jetzt, als er unter dem blühenden Strauch stand, blickte er sehnsüchtig zum Himmel hinauf und bat, daß ihm in seinem Kampf Hilfe zuteil werde. Er fühlte, daß er lieber sterben als sündigen wollte; und er wollte lieber alles ertragen, als seinen Herrn so schwer zu verwunden.

Nachdem er der Dienerschaft seine Befehle erteilt hatte, ging er schließlich in die prunkvollen Gemächer seiner Herrin, um nun ihre Befehle entgegenzunehmen. Er stand vor ihr mit gesenkten Augen, ernst und kalt, und bekämpfte mit Macht den inneren Sturm der Erregung. Der starke Mann erzitterte bei dem ersten Wort einer schwachen, zarten Frau. Er wartete auf einen neuen Angriff, dem er nicht entgehen konnte –, und er wartete nicht vergeblich.

„Joseph, Joseph!“ klang es voll traurigen Vorwurfs und rührender Bitte an sein Ohr. Er mußte aufblicken. Seine Augen hafteten an dem schönen Gesicht, an dem herrlichen, lockenden Körper. Wer beschreibt die verführerische Schönheit einer Frau, die liebt und geliebt werden will?! In der Brust des jungen Mannes stockte der Atem –, das Feuer der Prüfung schlug ihm bis ans Herz. Würde er so beständig wie Gold daraus hervorgehen? Oder würden diese Flammen seine bisherige Standhaftigkeit verzehren? – In diesem Augenblick schlangen sich zwei weiche Arme um den Nakken des jungen Mannes, der warme Atem der prächtigen Lippen streifte sein Gesicht, und diese Lippen flüsterten ihm Worte zu, die sein junges Blut in Wallung brachten. Er war jung! Er war ein Sklave; und alles, was die Welt zum höchsten Glück zählt, wurde ihm hier umsonst angeboten. Ein kurzes „Ja“ konnte ihm Augenblicke höchsten Genusses verschaffen. Joseph war kein Engel, er war ein Mensch. Im Laufe eines Augenblicks kämpfte er einen schweren inneren Kampf und siegte über die mächtige verführerische Begierde, indem er an den Gott seiner Väter und an dessen Strafgericht über Sodom dachte; voll Entsetzen stieß er die schöne, aber sündige Frau zurück, schüttelte ihre Arme von seinem Nacken ab, als wäre sie eine giftige Schlange, und da eine dieser kleinen Hände seinen Mantel festhielt, ließ er auch diesen los und floh ...

Wir können uns wohl vorstellen, wie sich Joseph in seinem Zimmer auf die Knie warf, um Gott im Gebet für die Bewahrung in dieser Stunde zu danken. Er wußte jedoch nicht, was in der Zeit geschah, in der er für die Bewahrung seiner Unschuld dankte, daß er diese vor den Augen der Menschen für lange Zeit eingebüßt hatte. Die Frau, deren Liebe er zurückgewiesen hatte, rächte sich an ihm auf ihre Weise. Um ihn für immer zum Schweigen über ihre Schuld zu bringen und jede Art der Anklage gegen sie zu vereiteln, beschuldigte sie ihn im ganzen Haus einer gemeinen Tat. Oh, wie gerne glaubte die Dienerschaft alles, wie wartete sie mit Schadenfreude auf die Rückkehr Potiphars, denn sie alle beneideten Joseph um die Liebe seines Herrn und um die hervorragende Stellung, die er in Potiphars Haus einnahm! Auch Joseph wartete sehnsüchtig auf die Heimkehr seines Herrn. Er wußte nicht, was mit ihm geschehen sollte; aber er glaubte, daß er nun auf irgendeine Art befreit würde. Er dachte, Potiphars Frau werde nun selbst darauf bestehen, daß dieser ihn verkaufe.

Endlich kam sein Herr nach Hause. Bei dem Gedanken, wie nahe er daran gewesen war, gegen ihn zu sündigen, bebte Josephs Herz vor Entsetzen und zugleich vor Freude. Wie glücklich war er, daß er seinem Herrn frei und offen ins Gesicht blicken konnte! – Wie gewöhnlich ließ dieser ihn sofort zu sich rufen, sprach mit ihm von den häuslichen Angelegenheiten und teilte ihm seine Befehle mit. Dann suchte er seine Frau auf, und Joseph ging an seine Arbeit. Was empfand wohl der arme junge Mann? Eine düstere Vorahnung ergriff ihn; er wußte, daß sein Herr ihn ein zweites Mal vor sich rufen werde, – und es geschah. Der mächtige ägyptische Herr und der arme, wehrlose Sklave standen sich alsbald Auge in Auge gegenüber. Wer könnte beschreiben, was zwischen den beiden vorging? Vermutete doch der Herr, der Sklave hätte sein Vertrauen schändlich hintergangen, und dieser fand kein Wort der Verteidigung. Wie konnte Joseph vor Potiphar seine Unschuld beteuern, wenn doch der Mantel als erdrückender Beweis seiner Schuld dalag? Und wie konnte er ihm sagen, auf wessen Seite die Schuld lag? Die ganze Dienerschaft bestätigte die Anklage der Herrin. Sie hatte nur einen einzigen Zeugen, und der schwieg. Und wenn Joseph Potiphar nicht ganz vernichten und ihm nicht – obwohl er ihm ohnehin kaum geglaubt hätte – die giftige Saat des Mißtrauens gegen die geliebte Frau ins Herz streuen wollte, dann blieb ihm nichts anderes übrig, als zu schweigen und zu leiden.

Wir können uns leicht vorstellen, was dann geschah. Der zornige Herr behandelte Joseph nicht anders, als man für schuldig befundene Sklaven zu behandeln pflegte. Voller Schadenfreude führten die übrigen Diener ihn ab, rissen ihm das Kleid herunter, mit dem er sich, wie damals von den Brüdern, von ihnen unterschied, und peitschten den unglücklichen, seiner Ehre beraubten Mann. Doch die Peitschenhiebe schmerzten ihn zehnmal weniger als der Gedanke, daß sein Herr ihn für einen gewissenlosen Betrüger und Verführer hielt, und daß er nicht einmal die Möglichkeit hatte, sich vor ihm zu rechtfertigen.

6. Die unbegreiflichen Wege Gottes

1. Mose 39,21-23

Joseph befand sich im Gefängnis. Wo war nun Gott, dem er so treu gedient und vertraut hatte?! Welchen Lohn bekam er dafür, daß er immer auf Gott vertraute? – Damals hatte Joseph Vater, Bruder, Heimat und Freiheit verloren; nun nahm man ihm Ehre und Ansehen; auf seine Stirn drückte man ein unauslöschliches Schandmal, seine Hände legte man in Fesseln. So lag er im Gefängnis, krank, wund, selbst des Tageslichts beraubt; nichts, gar nichts war ihm auf dieser Erde geblieben. Alles war verloren! Denn wer würde sich wohl eines armen, bestraften Sklaven, eines Fremden, annehmen? Verloren war die Hoffnung, daß der Vater den geliebten Sohn jemals loskaufen könne! Niemals würde er die Heimat wiedersehen! Er würde den müden Kopf nicht mehr an die Brust des Vaters lehnen dürfen, niemals! Auch diese schöne, belebende Hoffnung war für immer entschwunden! Ja, alles verloren! Und dennoch, als der erste Schmerz – nicht der körperliche Schmerz, der dauerte gewiß lange an, weil niemand seine Wunden pflegte – aber als der erste seelische Schmerz vorbei war, seufzte Joseph erleichtert auf. Nun lag ja die furchtbare Versuchung hinter ihm! Seine Gebete, Gott möge ihn aus der Nähe dieses sodomitischen Feuers befreien, waren erhört worden; sein Herr war vor Leid und Schande bewahrt geblieben, wenn auch um hohen Preis. Lieber wollte Joseph auf dem verfaulten Stroh des Gefängnisses sterben, als in der sündigen Umarmung jener Frau; lieber wollte er alles verlieren, wenn nur der Friede seiner Seele und seine Unschuld gerettet waren.

Joseph konnte nicht begreifen, warum Gott das alles zugelassen hatte, aber daran gewöhnt, ihm zu vertrauen, dankte er ihm auch jetzt für die wunderbare Bewahrung. Und weil er alles andere verloren hatte, klammerte er sich um so fester und intensiver an den Herrn. War doch nur dem Gott Abrahams, Isaaks und Jakobs seine Schuldlosigkeit bekannt. Er war sein einziger Vertrauter. Damit soll keineswegs gesagt werden, daß Joseph den Schmerz jener ungerechten Beschuldigung nicht empfunden hätte. Wann hätte ein Unschuldiger nicht darunter gelitten, als ein Übeltäter angesehen zu werden! Auch war der Übergang aus Potiphars prächtigem Palast, aus dem Sonnenlicht und der herrlichen Natur in das feuchte, dunkle Gefängnis dem Körper nicht gleichgültig gewesen. Joseph litt Tag und Nacht unter dieser traurigen Veränderung; aber er hatte einen, dem er sein Herz ausschütten konnte, der ihn verstand, und das gab ihm Kraft in den ersten schweren Tagen und Licht in den langen, bangen Jahren.

Bald bemerkte der Aufseher des Gefängnisses, daß er es mit einem außergewöhnlichen Gefangenen zu tun hatte. Sein ruhiges, ernstes Benehmen nahm ihn auf den ersten Blick für ihn ein. Der gute Eindruck, den der Aufseher hatte, verstärkte sich, als Joseph die ihm übertragene Arbeit treu, gewissenhaft und mit seltenem Talent verrichtete. Das ganze Benehmen des jungen Mannes wies darauf hin, daß er unschuldig ins Gefängnis geraten war, und der ägyptische Kermeister wußte wohl, daß mehr als einer hier unschuldig in seinen Fesseln lag, und er zweifelte nicht daran, daß Joseph einer von diesen war. Bald hatte er den armen hebräischen Gefangenen so gern, daß er ihm sein volles Vertrauen schenkte und ihn an seiner Stelle zum Aufseher über die Arbeiten der Gefangenen setzte.

Ach, welche wunderbare Führung Gottes! Joseph, der später das ganze ägyptische Reich verwalten sollte, mußte zuerst als Sklave in Potiphars Dienst, danach als Aufseher im königlichen Gefängnis Umsicht und Verwaltung erlernen. Schon in damaliger Zeit besaß Ägypten hohe Schulen, auf denen viele vornehme junge Männer studierten und sich für die höchsten Ämter der Regierung vorbereiteten, aber niemand in dem großen, mächtigen Reich ahnte, daß Gott selbst den höchsten Würdenträger des Landes in der Schule des Gefängnisses ausbildete.

So sind die Wege Gottes! Wer hat des Herrn Sinn erkannt, oder wer ist sein Ratgeber gewesen?

7. Licht in dunklen Tiefen

1. Mose 40

Zwei Männer kamen eines Tages zu den übrigen Gefangenen hinzu. Die Bibel sagt nichts darüber, was die beiden begangen hatten, aber sie berichtet uns, daß Pharao auf beide sehr böse war, und die Folge dieses Zornes war das Gefängnis.

Joseph nahm die neu angekommenen Gefangenen, deren Aufsicht ihm der Kerkermeister anvertraut hatte, freundlich auf und erkundigte sich teilnahmsvoll nach dem Grund ihrer Niedergeschlagenheit. Er war auch an diesem finsteren, traurigen Ort ein warmer Sonnenstrahl. In seinem Herzen wohnte Gott, und Gottes Liebe zeigte sich in der herzlichen Teilnahme Josephs seinen Mitmenschen gegenüber. Er fragte nicht danach, ob die beiden Männer schuldig waren oder nicht, er sah ihre Traurigkeit, und das genügte ihm, um sie nach der Ursache derselben zu fragen. Wie gut taten jenen beiden Männern die liebevollen Worte und der nicht weniger liebevolle Blick Josephs. Glücklich sein und andere glücklich machen können wir sogar im Gefängnis, wenn wir uns in Jesus geborgen wissen. Hast du Liebe im Herzen und du bist traurig, dann such solche auf, denen es noch schlechter geht, die noch elender sind als du und noch kein Licht haben; leuchte ihnen, und du wirst sehen, wie neues Glück in deine Seele einziehen wird. Josephs Liebe öffnete beiden Gefangenen den Mund; sie erzählten ihm den Grund ihrer Traurigkeit: „Wir hatten beide einen Traum", klagten die Gefangenen, „aber wir haben niemanden, der ihn uns deuten könnte." „Ach, das ist nicht so schlimm!" rief Joseph fröhlich aus. „Das Auslegen ist die Sache Gottes, erzählt mir nur eure Träume." Er sehnte sich sehr danach, ihre Traurigkeit zu lindern, und so glaubte er, daß Gott ihm wie bei jeder anderen Tat auch in diesem Fall helfen werde. Konnte Gott ihn denn nicht so wie jeden anderen gebrauchen, um den beiden die Auslegung des Traumes zu geben? – Das sichtliche Vertrauen des jungen Mannes ermutigte den Mundschenken, seinen Traum zu erzählen: „Ich habe geträumt, daß ein Weinstock vor mir wäre, der hatte drei Reben; und er grünte, wuchs und blühte, und seine Trauben wurden reif. Und ich hatte den Becher Pharaos in meiner Hand und nahm die Beeren, zerdrückte sie in den Becher und gab den Becher Pharao in die Hand."

Nach einigem Nachdenken blitzte es in Josephs Gedanken plötzlich auf, so wie es dir, liebe Seele, mitunter geht, wenn du im Wort Gottes eine dunkle Stelle findest, und mit einem Mal geht dir ein Licht auf, und du verstehst sie. Derselbe Geist, der dir jene Stelle klarmacht, erklärte auch Joseph den Traum des Gefangenen: „Die drei Reben sind drei Tage. In drei Tagen wird Pharao dich erheben und dich wieder in dein Amt einsetzen, damit du ihm den Becher reichst wie früher, als du sein Mundschenk warst", erklärte Joseph und fügte hinzu: „Aber denke an mich, wenn es dir gutgeht, und sei so barmherzig, den Pharao zu erinnern, daß er mich aus diesem Gefängnis entläßt!" Es drängte Joseph, dem Mann mitzuteilen, daß er aus seiner Heimat gestohlen und nach Ägypten verkauft worden war und daß man ihn unschuldig ins Gefängnis geworfen hatte. Beide Männer glaubten ihm, und während ihm der eine glücklich goldene Berge versprach, entschloß sich der zweite, ebenfalls seinen Traum zu erzählen. „Ich habe geträumt, ich trüge drei weiße Körbe auf dem Kopfe, voll Gebäck für den Pharao, und die

Vögel aßen aus dem Korb auf meinem Kopf." So ähnliche Träume, und dennoch, wie verschieden war die Auslegung! Drei Körbe – gleich drei Tage, die letzten in diesem Gefängnis, aber auch die letzten in diesem Leben. – Wie stark erinnern diese Männer an den Ausspruch des Herrn: „Der eine wird angenommen, der andere wird verlassen werden." Der eine zum Leben angenommen, damit er vor den König gestellt und ihm ein neues, großes Amt anvertraut werde; der andere verlassen, dem Tod und dem Verderben übergeben. Und das an ein und demselben Tag! – Wie schwer fiel es Joseph, dem Mann, dessen Augen voll trügerischer Hoffnung auf ihn gerichtet waren, zu sagen: „Du täuschst dich; in drei Tagen wird Pharao dich erheben und dich an den Galgen hängen, und die Vögel werden dein Fleisch essen!" Ach, unzählige Menschen hegen die Hoffnung auf ein ewiges Leben, und erst wenn ihre Lebenszeit abgelaufen ist, merken sie, daß sie sich, auserwählt und treu erfunden, doch furchtbar getäuscht haben, denn sie werden nicht vom Könige angenommen werden. Gib acht, liebe Seele, daß du eine von denen seiest, denen es gilt: Berufen. Darum stehe nicht stille! Jage, wie der Apostel, nach dem vorgesteckten Ziel! Bete und ringe danach, daß du treu erfunden werdest in der Heiligung, ohne welche niemand den Herrn sehen wird!

Aber kehren wir zu Joseph zurück.

Die Auslegung war richtig. Am dritten Tag feierte der König ein Fest und zählte seine Diener, denen er ein Mahl zubereiten lassen wollte. Unter diesen befanden sich auch die beiden im Gefängnis. Der König erinnerte sich, daß sie im Gefängnis saßen, prüfte nochmals die Anklagen gegen sie und ließ beide aus dem Kerker holen; aber den einen führte man zum Festmahl und gab ihm zuvor ein festliches Kleid, und dem anderen riß man sein Kleid herunter und führte ihn zum Galgen. Wenn unser König einst die Häupter seiner Diener zählen wird, was wird er mit dir tun? Darum wachet, wachet!

In der großen Freude vergaß der oberste Schenke sein gegebenes Versprechen; ja, er vergaß seinen Sonnenstrahl und dachte nicht mehr an dessen Bitte.

8. Von Gott überwunden

1. Mose 40

Zwei Jahre, 730 lange Tage vergingen dem armen Gefangenen langsam und eintönig. Der junge Mann wurde erwachsen; sein Gesicht, dem das Tageslicht fehlte, wurde bleich; ein Bart bedeckte seine Wangen. Die ganze vorher so fesselnd schöne Erscheinung des jungen Mannes verlor ihre Frische; es war wie bei einem Baum, dem man plötzlich und für immer Luft und Licht nimmt. Lange hoffte Joseph auf seine Befreiung; er vertraute den Versprechungen eines Menschen und nährte glänzende Hoffnungen. Aber nachdem er Wochen und Monate vergeblich gewartet hatte, überfiel ihn eine Traurigkeit, nicht jene göttliche Traurigkeit, die noch niemand gereut hat, sondern eine Traurigkeit zum Tode. Und es dauerte sicherlich Monate, bevor er dieses neue, schwere, seelische Leid überwunden hatte und mit jenem Mann Gottes sagen konnte: „Und ob er mich gleich tötete, sollte ich ihm nicht vertrauen?“, bevor er sagen lernte: „Dein Wille geschehe!“ Endlich legte er sich selbst dem Herrn als Opfer auf den Altar. Er gab seinen eigenen Willen in den Tod und legte ihn ganz in den Willen seines Gottes. Und als er damit fertig war, da war auch Gott mit seiner Erziehung fertig.

Als es dort in Gethsemane zum dritten Mal erklang: „Nicht mein, sondern dein Wille geschehe“ –, da war auch der schwerste Kampf vorbei, und da kam die Kraft des Kreuzes zum Tragen, zum Erkämpfen des größten Sieges über den Zorn Gottes, den Satan und den Tod.

9. Ein goldenes Gefäß

1. Mose 41,1-44

In jener Nacht, als Gott mit Josephs Erziehung fertig geworden war, wo mit dem letzten Rest von eigenem Willen der alte Mensch in Joseph starb, in jener Nacht hatte Pharao einen Traum, der um so merkwürdiger war, weil er sich zweimal wiederholte. Dieser Traum wirkte so mächtig auf den König, daß er ganz trübsinnig wurde. Am nächsten Morgen sandte er seine Diener aus und ließ die Sterndeuter, die Wahrsager, kurz alle Weisen Ägyptens zu sich kommen, um ihnen seinen Traum zu erzählen. Aber da war keiner, der dem bekümmerten König den Traum hätte deuten können. Als der König dann beim Essen ganz gebrochen dasaß und weder aß noch trank und auch seine Höflinge ihn ganz bekümmert umgaben, da rief plötzlich der Mundschenk des Königs aus: „Ich gedenke heute an meine Sünden." Er meinte natürlich nicht die Sünde, die er einst gegen den Pharao begangen hatte, sondern seine Undankbarkeit gegen Joseph. Dann fuhr er fort: „Als Pharao zornig war auf seine Diener und mich mit dem obersten Bäcker ins Gefängnis warf, da hatten wir in einer Nacht beide einen besonderen Traum, und es war niemand da, der ihn uns ausgelegt hätte. Auch wir waren sehr betrübt. Aber ein hebräischer Gefangener war dort, mit dem Geist der Götter ausgestattet. Als wir diesem die Träume erzählten, legte er sie uns so aus, wie es uns tatsächlich nachher ergangen ist. Denn ich wurde wieder in mein Amt eingesetzt, doch der oberste Bäcker wurde gehenkt."

Wir dürfen wohl annehmen, daß der Mann nun, um Pharao gnädig zu stimmen, Joseph ausführlich beschrieb, all seine hervorragenden Eigenschaften hervorhob und hinzufügte, daß dieser unschuldig sei. Auch die Höflinge bestanden gewiß ohne Ausnahme darauf, daß der außergewöhnliche Gefangene hergebracht werde, um den König seiner Schwermut zu entreißen. Pharao willigte ein, und er bereute seinen Entschluß niemals. Er ließ Joseph holen. – Und wieder war es so wie vor Jahren, daß für Joseph ein Tag anbrach, der scheinbar wie alle anderen war. Wie immer tat er seine Pflicht, glücklich und zufrieden, und mit dem neugeschenkten Licht in seinem Herzen versuchte er, seine Mitgefangenen durch Anteilnahme zu erfreuen. Tiefer Friede, in heißem Kampf erworben, umgab seine bleiche Stirn; Liebe strahlte aus seinen Augen und drückte der Gestalt des armen Gefangenen den Stempel des Besonderen auf. So trat er denen entgegen, die ihn suchten. Er hörte, daß er vor den König geführt werden sollte, um ihm einen Traum zu deuten. Er ging hin. Früher hätte sich seiner wohl eine unaussprechliche Freude bemächtigt, daß er nun endlich Gelegenheit finden würde, in seiner eigenen Angelegenheit zu reden, doch heute, wo er vertrauensvoll in Gottes Willen ruhte, war er ganz still und wartete ab, wie Gott es fügen würde. Er war schon dafür dankbar, daß er sich wieder einmal ordentlich waschen und sein Haar schneiden konnte und daß er neue Kleidung und ein feines Obergewand bekam, in dem er vor den König treten sollte.

Wie überrascht waren die Boten des Königs, die ihn abholen kamen, über die Veränderung, die mit Joseph vorgegangen war! Fast hätten sie ihn nicht wiedererkannt, so schön und vornehm sah er aus. Unterdessen hatte der ungeduldig wartende Pharao seinen ganzen Hof und alle Räte Ägyptens einberufen, und alle Blicke richteten sich auf die Tür, durch die der junge Mann eintrat. Josephs Erscheinung übte einen solchen Einfluß auf Pharao aus, daß er ohne Bedenken und Umschweife Joseph einfach anredete: „Ich hatte einen Traum, und es ist niemand da, der ihn deuten kann. Ich habe aber von dir gehört, daß du jeden Traum auslegen kannst." „Das steht nicht bei mir", entgegnete Joseph ernst, „Gott wird doch Pharao Gutes verheißen." Von dieser ernsten und schönen Antwort ergriffen, begann der König seinen Traum zu erzählen: „Ich träumte, am Ufer des Wassers zu stehen, und ich sah sieben schöne, fette Kühe aus dem Wasser steigen, die weideten danach im Gras. Und nach ihnen sah ich sieben dürre, sehr häßliche und magere Kühe heraussteigen. Und die sieben mageren, häßlichen Kühe fraßen die sieben ersten, fetten Kühe. Doch als sie sie gefressen hatten, sah man es ihnen nicht an, denn sie waren genauso mager wie vorher. Da wachte ich auf. Und ich sah in einem neuen Traum sieben Ähren auf einem Halm wachsen, voll und dick. Danach wuchsen sieben dürre Ähren, dünn und versengt. Und die sieben dünnen Ähren verschlangen die sieben dicken Ähren. Und ich habe es den Wahrsagern erzählt, aber die können mir die Träume nicht deuten."

Damit endete der König. Fragend richtete er den Blick auf den jungen Mann. „Beide Träume Pharaos bedeuten dasselbe", sprach Joseph. „Gott verkündet Pharao, was er zu tun hat." – Aller Augen, besonders die des Königs, hingen an Josephs Lippen, als dieser ernst und mit der vollkommenen Ruhe der Überzeugung von sieben Jahren der Fülle in Ägypten und darauf folgenden sieben Jahren des Hungers sprach und hinzufügte, der Umstand, daß jener Traum zwei Bilder hatte, sei ein Zeichen dafür, daß Gott dieses bald geschehen lasse.

Nun war der Traum ausgelegt, und weil Joseph nicht um

weiteren Rat gebeten worden war, hätte auch er schweigen können. Aber wie könnte die Liebe schweigen? Wie könnte das Licht nicht leuchten? – Joseph fuhr fort; er, der Gefangene Potiphars, gab dem König und dem ganzen Hof einen wichtigen Rat. Joseph erklärte zum großen Erstaunen der Anwesenden: „Gott hat dem Pharao dies im Traum gezeigt, und es wird bald geschehen. Er hat es getan, damit rechtzeitig Vorkehrungen zur Erhaltung des ganzen Reiches getroffen werden. Pharao schaue sich nach einem klugen und verständigen Mann um, den er über das Land Ägypten setzen kann. Der soll sich einen Überblick verschaffen, wie es um die Erträge des Landes steht, und Aufseher einsetzen, die dem Volk gebieten, den fünften Teil der Ernte in diesen reichen Jahren abzuliefern. Diese Aufseher sollen vor allem die Königsstadt, dann auch die übrigen Städte reichlich mit Vorrat versorgen; darum soll man überall Vorratshäuser errichten und die Erträge der sieben ersten Jahre darin aufbewahren, so daß man in den sieben kargen Jahren dort Speise findet und das Land nicht vor Hunger umkommt."

Welch ein Rat! Pharao blickte seine Diener an; keinem von ihnen wäre je etwas Ähnliches eingefallen. Sie alle fühlten, daß Gott selbst durch den Mund dieses jungen Mannes zu ihnen redete, daß er ihn zu ihnen gesandt hatte, um sie am Leben zu erhalten. Josephs Rede hatte allen Anwesenden gefallen; alle waren mit dem Vorschlag einverstanden. Aber Pharao tat unter dem Eindruck, daß Joseph ein Bote Gottes sei, noch mehr. Er sprach: „Wo könnten wir einen solchen Mann finden, in dem der Geist Gottes ist?" Alle waren überzeugt, daß es zu einem solchen Amt, bei dem es sich um die Erhaltung des ganzen Volkes, ja auch der Nachbarländer handelte, eines Mannes bedurfte, der vom Geist Gottes geleitet wurde. Oh, wie können diese Heiden samt ihrem

Herrscher unsere heutige „Christenheit“ und deren Regierungen beschämen!

Nach einer kurzen Beratung – während der Joseph darauf wartete, daß man ihn wieder ins Gefängnis führte – wandte sich der König wieder ihm zu und sprach ihn in Gegenwart aller Würdenträger mit den bedeutungsvollen, für sein ganzes Leben entscheidenden Worten an: „Weil dir Gott das alles kundgetan hat, ist in meinem ganzen Reich keiner so verständig und weise wie du. Ja, du bist der Mann, den ich brauche. Du bist der Mann, der durch seine Weisheit und Umsicht uns und unser Land vor dem Hungertod erretten soll. Von heute an bist du mein Stellvertreter. In diesem Augenblick übergebe ich dir mein ganzes Volk, welches dir ausnahmslos Gehorsam und Liebe entgegenbringen muß. Ich will nur um den königlichen Stuhl höher sein als du. In deine Verwaltung will ich mich nicht einmischen. Ich setze dich über das ganze Land Ägypten.“ Zur Bekräftigung seiner Worte zog der König einen Ring von seiner Hand und steckte ihn an Josephs Finger.

Der unter vielen Verbeugungen abgeführte Joseph befand sich plötzlich in der königlichen Kleiderkammer, wo er für immer das Dienerkleid ablegte. Die ihn in großer Anzahl umgebende Dienerschaft zog ihm königliche Kleider an, und der König selbst hing ihm, als er wieder vor ihn trat, eine goldene Kette um den Hals. Dann ließ er seinen zweiten Triumphwagen anspannen und den neuen Regenten mit großem Prunk durch die Stadt führen. Vor dem Wagen liefen Boten her und riefen der herbeiströmenden Menge zu: „Das ist der Landesvater. Verneigt euch, verneigt euch!“ Und alles Volk verneigte sich.

Wie war Joseph wohl zumute? Er war jung und hochbegabt; er war kein Engel, sondern nur ein Mensch, und das menschliche Herz ist immer geneigt, sich zu überheben. O glücklicher Joseph, daß er erst dann zu dieser Ehre gelangte, als Gott mit ihm und seiner Erziehung fertig geworden war, als in ihm das selbstsüchtige „Ich" völlig gestorben war, als er sich selbst freiwillig als Opfer auf Gottes Altar gelegt und ein für allemal ausgerufen hatte: „Dein Wille geschehe!" Ja, glücklicher Joseph! Wäre er früher zu jener Auszeichnung gelangt, wer garantiert dafür, ob ihn das nicht geblendet hätte, ob er nicht etwa aus Rücksicht auf den König und dessen Hof vom lebendigen Gott abgelassen und ein Götzendiener geworden wäre? Es gibt keinen besseren Erzieher als Gott! Der Herr wußte, was er mit Joseph vorhatte, darum ließ er ihn zuvor durch Jakob unterweisen; dann ließ er es zu, daß der Junge seinem Vater gewaltsam entrissen wurde, und erzog ihn nun selbst in der Schule des Leides. Er ließ es zu, daß Joseph großes Unrecht geschah, er führte ihn immer tiefer und tiefer in großen Kummer. Als er ihn aber endlich ganz zu seiner Ehre und Verherrlichung umgestaltet hatte, erlaubte er, daß dieses goldene Gefäß zu seinen Ehren aus dem, wie aus einem Spiegel, das Bild des Schöpfers strahlte, der Welt geschenkt wurde, um ihr Segen zu bringen.

Ach, beachten wir, was für Charaktere unser Gott erzieht! Bitte ihn, meine Seele, daß er auch dich in seine Schule nimmt und mit dir macht, wie und was er will, damit du, sei es auch auf die schmerzlichste Art, von aller Selbstsucht, allem Stolz und Ehrgeiz befreit wirst, und dann auch durch dich dein Herr verherrlicht wird. Josephs Herz erhob sich nicht mehr; während er im königlichen Wagen saß und das Volk sich vor ihm verneigte, schloß er dieses Volk voll Liebe ins Herz, und in heißem Gebet bereitete er sich auf die große, ihm anvertraute Aufgabe vor. Er hatte sich ganz dem Willen Gottes überlassen, mochte der Herr ihn nach seinem

Wunsch führen. Als es Gott nun gefiel, ihn zu erheben und zum Herrscher zu machen, wiederholte er das, was er sagte, als er innerlich eingewilligt hatte, für immer im Gefängnis zu bleiben: „Dein Wille geschehe!“ Als er zum König zurückkehrte, bekräftigte ihm Pharao nochmals feierlich: „Ich bin Pharao; ohne deinen Willen soll niemand seine Hand oder seinen Fuß bewegen in ganz Ägypten.“ Also ein richtiger Herrscher! Der Diener des lebendigen Gottes trat an die Spitze des heidnischen Königreiches, und auf jener Höhe sollte er allein stehen, vor den Augen des ganzen Volkes seinem Gott dienend, ein hochstehendes Licht, dessen Strahlen weithin gesehen werden mußten. Auf jener Höhe, wo Joseph stand, wo die Augen Tausender auf ihn gerichtet waren, hätte ein einziger Fehltritt Schande auf die Sache Gottes geworfen, dem er diente. Aber wir lesen nichts davon, daß so etwas geschehen wäre. Weil sein Wille niemals den Willen Gottes durchkreuzte, und der Wille Gottes, den er tat, immer gut war, erlosch sein Licht nicht in der Finsternis, und seine Füße stießen sich nicht an dunklen Bergen. Er blieb bis ans Ende ein goldenes Gefäß, dem Herrn zu Diensten und zu allen guten Taten bereit.

10. Ein gesegnetes Leben

1. Mose 41,45-57

Joseph bekam mit seiner neuen Würde auch einen neuen Namen, Saphnat Paneach. Dieser Name war lange Jahre hindurch der am meisten gefeierte und genannte Name in Ägypten. Kaum war der junge Regent am königlichen Hof heimisch geworden, kaum war er in den Kreis der Hofgesellschaft eingeführt worden, die dem Liebling des Königs voller Hochachtung entgegenkam, da bescherte Gott ihm ein bis dahin ungekanntes Glück. Er verliebte sich in ein junges Mädchen aus einer Priesterfamilie, und seine Liebe wurde erwidert. Er fühlte sich so mächtig zu der jungen Frau hingezogen, daß er vom König ihre Hand erbat. Denn da in diesem Kapitel geschrieben steht: „Und er gab ihm ein Weib, Abnath, die Tochter Potipheras, des Priesters zu On", darf man wohl voraussetzen, daß Joseph zuvor darum bat. Denn er hätte sich keine Frau aufdrängen lassen, und der König hätte es bei Joseph nie versucht. Zum Lohn für die vorhergegangene Prüfung wurde Joseph nun der Ehemann einer guten, liebenden Frau, die er durch seine Liebe sicherlich zur Erkenntnis des wahren Gottes führte, so daß sie gemeinsam mit ihm dem Herrn diente, der ihren geliebten Mann so wunderbar geführt hatte. So war es gewiß eine glückliche und für das ganze Volk vorbildliche Ehe, welche diese beiden Menschenkinder führten.

Nach kurzer Zeit der Vorbereitung trat Joseph seine Reise durch Ägypten an und begann sein Werk mit jener Geschicklichkeit und Umsicht, die er sich in Potiphars Haus und im königlichen Gefängnis angeeignet hatte, und alles gelang ihm bestens. Gott gab ihm die Möglichkeit, die ägyptischen Bodenverhältnisse zu prüfen. Er ließ ihn geeignete Beamte finden, die er in den Städten einsetzte, und gab ihm die Fähigkeit, das Volk mit eindringlichen Worten zu überzeugen und zu gewinnen, so daß sie nicht nur gezwungen, sondern freiwillig in diesen Jahren der Fülle ein Fünftel den Beamten ablieferten. Nachdem er in kurzer Zeit alles Notwendige veranlaßt hatte, kehrte Joseph mit diesem schönen Erfolg zum König zurück. Da die von Joseph vorhergesagte Zeit der Fülle wirklich begann und das Volk sah, wie die Beamten in den erbauten Vorratshäusern das Getreide speicherten, glaubten viele im Volk, daß nach diesen guten Jahren auch die Jahre des Hungers kommen würden. So lieferten sie den fünften Teil an Pharao ab, und einige legten auch für sich selbst einen Teil für jene Zeit zurück. Diejenigen, welche das taten, waren klug. Für die hereinbrechenden Jahre der Hungersnot waren sie gut gerüstet. Aber das waren wohl wenige; denn die Menschen glauben gewöhnlich an das, was sie vor Augen haben!

So reiche Vorräte sammelte Joseph in diesen Jahren der Fülle in die Kornkammern, daß man sie nicht mehr zählen konnte. Als er im Land Gosen solche Kammern eröffnen und füllen ließ, ahnte er nicht, daß er sie für seinen Vater und seine Brüder füllte, um dadurch seine ganze Familie vor dem Untergang zu retten. Wenn du die Pflichten, die Gott dir anvertraut hat, treulich erfüllst, dann darfst du sicher sein, daß das auch deinen Angehörigen Segen bringen wird.

Was wäre wohl mit der Fülle des Getreides in Ägypten geschehen, wenn Gott nicht Joseph zur rechten Zeit gesandt hätte? Fremde und einheimische Spekulanten hätten den Bauern das Getreide fast umsonst abgekauft und es ins Ausland gebracht. Auf diese Weise hätten einzelne sich bereichert, aber weder dem Volk noch der Staatskasse wäre daraus ein Gewinn entstanden.

So vergingen die sieben gesegneten Jahre, die besonders für Joseph sehr denkwürdig und glücklich waren. Er wurde Vater zweier Söhne, und um so mehr schloß er sich dem Herrn an, der ihn so über Erwarten glücklich gemacht hatte. Wir sehen dies an der Bedeutung der Namen, die er seinen Söhnen gab. „Manasse" nannte er seinen Erstgeborenen; „denn Gott hat mich vergessen lassen." Was hatte Joseph vergessen? Die drückende Sklaverei und das schwere Leid, das er einst in Ägypten ertragen mußte; aber auch das brennende Heimweh, das ihn so lange gequält hatte. Es ist damit keineswegs gesagt, daß er seinen Vater vergessen hatte oder daß er infolge seiner Erhöhung die alte Heimat nicht mehr achtete; keineswegs. Er hatte nur das schmerzliche Sehnsuchtsgefühl überwunden, welches jeder Missionar, jede Missionarin in der Fremde zuvor überwinden muß, um mit Erfolg arbeiten zu können. Er hatte gelernt, dort, wo Gott ihn hingestellt hatte, heimisch zu sein. Wie mächtig jene Sehnsucht in Josephs Herzen war, sehen wir daran, daß Joseph, der ein Regent, ein glücklicher Mann und ein Liebling des Königs war und Arbeit und Pflichten die Fülle hatte, mehr als zwei Jahre brauchte, ehe er das Land seiner Väter vergaß. Erst als sein erster Sohn geboren wurde und das Land seiner Frau die Heimat seines Sohnes war, liebte Joseph um seines Sohnes willen das Land, in welchem dessen Wiege stand. So hat Gott der Herr, der Schöpfer der Welt, sicherlich seine Schöpfung geliebt; aber auch ihm wurde unsere arme Erde in jenem Augenblick besonders teuer, als sie die Heimat von Jesus von Nazareth wurde.

Seinem zweiten Sohn, der am Ende jener Segensjahre geboren wurde, gab Joseph den Namen Ephraim; „denn

Gott hat mich wachsen lassen in dem Land meines Elends". Daraus sehen wir, wie Joseph, der in jener Zeit bereits ein reicher und gefeierter Mann war, der demütige Joseph geblieben war, der für alles Gott allein die Ehre gab.

Jene sieben Jahre der Fülle in Ägypten gingen vorbei, sie schwanden dahin, wie alles in der Welt dahinschwindet. In allen benachbarten Ländern begann die Hungersnot, nur in Ägypten war Brot. Als die traurigen Nachrichten aus den umliegenden Ländern kamen, als die Ägypter auf ihre leeren Äcker blickten, – oh, mit welcher Ehrfurcht und Liebe wurde da Josephs Name von allen Lippen genannt! Mit welcher Liebe begegnete vor allem der König seinem Joseph! Sah er doch mit seinem ganzen Volk in Joseph den Beschützer und Retter seines Reiches. So vergingen zwei Jahre. Das Volk hatte seine Vorräte verzehrt, und in dem Bewußtsein, „es ist ja genug Getreide vorhanden", kamen sie vor den König, um Brot zu erbitten. Aber der König nahm sie nicht an. Er erlaubte nicht, daß jemand in seinem Reich nicht zu Joseph ging. „Geht zu Joseph", sprach er, „und was der euch sagt, das tut." Das Volk gehorchte; sie gingen zu Joseph, und dieser öffnete die Kornhäuser und verkaufte. – Welche verwunderliche Sache! In jeder größeren Stadt gab es Vorratshäuser und Beamte, die eingesetzt worden waren, um die ganze Gegend mit Nahrung zu versorgen; aber das Volk pilgerte weit um die Hilfe, die so nahe war. Der Gott Himmels und der Erden hat seinen geliebten Sohn, diesen himmlischen Joseph zum Herrn über alles eingesetzt und hat ihm alles in seine Hände gegeben. Und so manche Seele will diesen Joseph umgehen und direkt vor Gott kommen. Aber vergebliches Bemühen, vergebliche Bitten. Zu Jesus müssen sie kommen. Der himmlische Vater läßt seinen Sohn nicht umgehen. Wieder andere gehen weit, um Stillung ihres geistlichen Hungers zu suchen, und der einzige Helfer ist ihnen so nahe, an jedem Ort, in jeder Stadt. Blicken wir auf Ägypten. Das Volk litt Hunger, trotz der großen Getreidevorräte in den Kornhäusern, es litt Hunger, solange es nicht zu Joseph ging. Aber sobald Joseph die Kornhäuser öffnete, war es mit dem Hunger vorbei. So leiden und sterben auch in unseren Tagen ganze Völker an geistlichem Hunger, obwohl in der Bibel ganze Schätze von geistlicher Nahrung und Lebensbrot niedergelegt sind. Aber was hilft eine Vorratskammer, wenn man keine Schlüssel hat? Und den Schlüssel zur Bibel empfängst du nur, wenn du zu Jesus kommst. Nur wenn der Sohn Gottes dir diese Schatzkammer öffnet, wirst du gesättigt. Er spricht: „Wer zu mir kommt, den wird niemals mehr hungern."

Kaum waren die Kornhäuser geöffnet und die Ägypter satt geworden, da verbreitete sich diese frohe Meldung bis über die Grenzen, und alle Bewohner der damals bekannten Erde kamen zu Joseph, um Getreide zu kaufen. Wenn dein Heiland deinen Hunger gesättigt hat, dann trage es weiter, und du wirst sehen, daß bald auch andere, hungrige Menschen zu deinem himmlischen Joseph kommen werden und daß er auch für sie die unerschöpflichen Schätze seiner Gnade öffnen wird.

11. Der erfüllte Traum

1. Mose 42,1-24

Verlassen wir Joseph für kurze Zeit, um uns nach seiner schönen Heimat, nach seinem Vater und seinen Brüdern umzusehen. Wie auf der ganzen Erde, so herrschte auch hier der Hunger. Mit großem Entsetzen bemerkte die Familie Jakobs, daß alle ihre Vorräte fast verbraucht waren und daß das, was sich bei den einzelnen fand, kaum für kurze Zeit ausreichte. – „Was seht ihr euch lange um?“ sprach Jakob zu seinen Söhnen. „Ich hörte, es gebe in Ägypten Getreide zu kaufen. – Es ist sehr weit, aber was bleibt uns übrig; – macht euch auf den Weg und kauft uns Getreide, damit wir leben und nicht sterben.“ Wir können uns wohl diese zehn bekümmerten, sorgenvollen Männer vorstellen, wie sie aus Furcht um das Leben ihrer Frauen und Kinder nicht wagten, Knechte auszusenden, sondern selbst durch die Wüste Pharan nach Ägypten zogen. Sie pilgerten denselben Weg, den einst vor Jahren Joseph mit den Ismaelitern nach Ägypten gezogen war, aber nicht um zu kaufen, sondern um verkauft zu werden.

Auf dieser langen Reise hatten die Söhne Jakobs Zeit genug, an ihren armen verkauften Bruder zu denken, um so mehr, als ihr Vater Benjamin die Erlaubnis zu dieser Reise verweigert hatte, indem er sprach: „Es könnte ihm ein Unfall begegnen“; sie mußten dabei an Joseph denken. Ruben dachte vielleicht: „Hier in diesem fremden Land leidet mein Bruder, den ich damals nicht befreien konnte, in der Sklaverei. O, könnte ich ihn doch loskaufen, falls er noch lebt.“

Endlich waren sie am Ziel angelangt. Vor ihnen lag die

Stadt, die große, mächtige Hauptstadt. Sie kamen zuerst in eine große, von Karawanen beinahe überfüllte Herberge, fütterten ihre Lasttiere, erfrischten sich nach der langen, anstrengenden Reise und erkundeten wohl die Verhältnisse und die Getreidepreise und vor allem, wo das Getreide verkauft wurde. Dann nahmen sie einen Führer, der sie zur Kornkammer brachte und ihnen unterwegs mitteilte, daß der Regent selbst zu dieser Stunde den Verkauf vornehme und den Preis bestimme. Daß er anwesend war, erkannten sie an der Wache, die am Eingang stand und die Ordnung aufrecht erhielt. Auch bemerkten sie, daß in dem Gebäude verkauft wurde, denn eine große Menschenmenge strömte heraus, und keiner kam mit leeren Händen. Da sah man verschiedene Gestalten, verschiedene Trachten, verschiedene Nationen und Sprachen waren vertreten, aber sie alle zogen zufrieden davon.

Fröhlich überschritten auch die Söhne Jakobs die Schwelle der großen Halle und standen plötzlich dem Mann gegenüber, von dem die ganze Stadt voll tiefer Ehrfurcht sprach und dem die aus weiter Ferne kommenden Karawanen sehnsüchtig zustrebten. Auch sie warfen sich, wie die anderen, vor ihm auf die Knie und berührten mit der Stirn den Boden zum Zeichen der Ehrfurcht und der Ergebenheit. Sie sahen dabei weder, wie sehr das schöne Gesicht des jungen Regenten erblaßte, noch bemerkten sie den Blick, den er ihnen zuwarf. Was Joseph einst geträumt hatte, war eingetroffen: Er sah seine Brüder wieder; und diese Brüder, die er damals auf seinen Knien vergeblich um Erbarmen angefleht hatte, lagen nun im Staub vor ihm und gaben demütig zu verstehen, daß sie gekommen waren, um Brot zu kaufen. Was empfand wohl Josephs Herz? In einem Augenblick vergegenwärtigte er sich das bittere Leid, das diese Brüder ihm angetan hatten. Er sah, daß sie ihn nicht erkannten, und wußte, daß sie nicht erfahren konnten, wo er war. Er wollte sie auf die Probe stellen; er wollte sich überzeugen, ob es dem Herrn nicht gelungen war, im Laufe der Jahre neue Menschen aus ihnen zu machen, welche in seinem Dienst treu waren. Ganz fremd befahl er ihnen, sich zu erheben. „Woher seid ihr gekommen?“ fragte er mit strengem Blick. Sie erschraken. „Aus dem Land Kanaan, Getreide zu kaufen“, entgegneten sie demütig und neigten sich noch tiefer vor ihm. Joseph war nun um so gewisser, daß sie es waren, wie er einst als Junge geträumt hatte. So mußten sich ihre Garben vor seiner Garbe neigen; waren sie doch gekommen, ihn um Getreide zu bitten. „Seht, der Träumer kommt daher“, tönte es in seinem Geist wieder, und er erinnerte sich sehr gut, wie sie ihn beschuldigt hatten, er sei gekommen, um sie auszukundschaften. Er wußte, daß sie unschuldig waren und daß sie die Wahrheit sprachen. Aber sie sollten erfahren, wie weh es tut, ungerecht beschuldigt zu werden und sich nicht rechtfertigen zu können, weil man keinen Glauben findet. „Ihr seid Kundschafter, und ihr seid gekommen, um zu sehen, wo das Land offen ist“, sprach er noch strenger, zum großen Erstaunen der Dienerschaft und der Wache, die ihren Herrn noch nie so streng gesehen hatte; aber wenn er es sagte, daß diese Leute Böses im Sinn hatten, dann mußte es wahr sein. Er war es ja, der verborgene Dinge ans Licht bringen konnte. Die erschrockenen Söhne Jakobs, welche die drohenden Blicke der Dienerschaft auf sich gerichtet sahen, ahnten nichts Gutes und beeilten sich zu versichern, daß sie Söhne eines Mannes und nie Kundschafter gewesen seien. Aber Joseph bestand darauf: „Nein, sondern ihr seid gekommen, um zu erfahren, wo das Land offen ist.“

Oh, wie sollten sie diesem Mann ihre Unschuld beweisen?! Eifrig wiederholte einer nach dem anderen, daß sie die Söhne eines Mannes, insgesamt zwölf Brüder seien, daß der jüngste noch zu Hause beim Vater, der andere aber nicht mehr vorhanden sei. Als Antwort auf ihre Erklärungen tönte es ihnen von den schönen, strengen Lippen entgegen: „Es ist, wie ich euch gesagt habe: Kundschafter seid ihr! Daran will ich euch prüfen, bei dem Leben Pharaos: Ihr sollt nicht davonkommen, es sei denn, euer jüngster Bruder kommt auch her. Sendet einen von euch hin, der euren Bruder holt; ihr anderen aber sollt gefangen sein. Auf diese Weise will ich prüfen, ob ihr die Wahrheit sprecht. Denn wenn nicht, so seid ihr, bei dem Leben Pharaos! Kundschafter." Nach dieser kurzen Rede winkte er, und die verängstigten Männer befanden sich im Nu im Gefängnis. Da sie nicht mit Gott und in dem Licht seiner beständigen Nähe lebten, konnten sie sich auch jetzt nicht trösten, daß er bei ihnen war, weil sie in dieser Sache unschuldig waren. O welches Entsetzen, welcher Kummer und welches Leid bemächtigte sich ihrer! Wie damals über Joseph, so brach nun über sie das Leid unerwartet herein.

Sie stellten sich ihre verwaisten Frauen und Kinder zu Hause vor, sie dachten an ihren ergrauten Vater. Wenn sie nicht aus diesem Gefängnis freikämen, ach, dann mußten nicht nur sie in Ägypten, sondern ihre ganze Familie vor Hunger sterben. Wahrlich, Not hat schon mehr als ein Herz beten gelehrt, und Angst hat schon so manchen in die Buße getrieben. In jenen schrecklichen drei Tagen und Nächten rang sich mehr als ein banger Bußschrei über die widerspenstigen Lippen. Die Brüder Josephs erkannten, daß das, was sie hier traf, die Vergeltung für ihre Sünde war. Obwohl sie in dieser Sache unschuldig waren, erkannten sie, daß Gott sie bestrafte; sie erwachten aus langem Sündenschlaf zu neuem Leben, und so wurden diese schrecklichen Tage die gesegnetsten ihres Lebens. Als diese Tage vergangen waren, wurden die tief gedemütigten Männer erneut Joseph gegenübergestellt. Sie wußten nicht, was auf sie wartete, und sie zitterten vor dem strengen Vollstrecker der Gerichte Gottes, als den sie Joseph mit Recht ansahen.

Wir können uns vorstellen, daß es Joseph nicht leichtfiel, seine Brüder im Gefängnis zu lassen, wenn er dabei an seinen Vater und die Familien dachte, die durch diese Verzögerung der Not preisgegeben waren. Aber der Geist des Herrn trieb ihn, sich selbst zu verleugnen und seine Brüder durch die Strafe zur Erkenntnis ihrer Sünde zu führen. Das geht aus den Worten hervor, die er seinen Brüdern sagte: „Wollt ihr leben, dann tut, was ich euch sage, denn ich fürchte Gott. Seid ihr redlich" – ach, sie wußten wohl, daß sie nicht redlich waren –, „dann laßt einen Bruder als Bürgen zurück. Ihr aber zieht mit euren Vorräten heim und bringt euren jüngsten Bruder zu mir."

So geschah es. Simeon entschloß sich wohl selbst, zu bleiben. Aber die Angst und der Schmerz über diesen Ausgang ließ sie nicht länger schweigen. Einer bekannte dem anderen die Sünde, die sie damals gemeinsam begangen hatten: „Das haben wir an unserem Bruder verschuldet, daß wir die Angst seiner Seele sahen, als er uns anflehte, und wir wollten ihn nicht erhören, darum kommt nun diese Trübsal über uns." Nun meldete sich Ruben: „Sagte ich es euch nicht, als ich sprach: ‚Versündigt euch nicht an dem Jungen'; und ihr wolltet nicht hören; nun wird sein Blut gefordert." Oh, wie schnitten diese Selbstanklagen Joseph ins Herz; er ging hinaus und weinte. Sie dachten, er verstünde ihre Sprache nicht, doch er verstand auch die Bedeutung ihrer Worte. Aber ihre

Buße war noch nicht aufrichtig, solange einer die Schuld auf den anderen wälzen konnte, darum mußte Joseph die schmerzliche Prüfung fortsetzen.

Solange du, liebe Seele, in der Stunde der Buße, wenn Gott dir deine Sünde zeigt, nicht bereit bist, die ganze Verantwortung auf dich zu nehmen, sondern dich auf andere ausredest, solange kann der himmlische Joseph dein Herz nicht mit der frohen Botschaft der Vergebung erfreuen. – Simeon blieb; seine Brüder mußten ihn nach schmerzlichem Abschied verlassen.

12. Traurige Heimkehr

1. Mose 42,25-38

Auf der Reise erlebten die Brüder Josephs eine große Überraschung. Als sie ihre Säcke aufmachten, fanden sie sowohl ihr Getreide als auch das Geld, welches sie dafür bezahlt hatten. Wahrscheinlich wollte Joseph, daß sie über die Dinge, die sie in Ägypten erlebt hatten, nachdachten; darum gab er ihnen das Geld zurück; außerdem wollte er von seiner Familie keine Bezahlung annehmen. Da sie zu ihm gekommen waren, mußten sie alles, Böses und Gutes, umsonst von ihm annehmen. So mußt auch du, liebe Seele, sowohl die schmerzlichen als auch die teuren Schätze des Lebensbrots umsonst aus der Hand deines himmlischen Josephs annehmen; keiner geht leer von ihm.

Die Heimkehr der Söhne Jakobs, die zu Hause so sehnsüchtig erwartet wurden, gestaltete sich ganz anders, als man gedacht hatte.

Vor allem weinte Simeons ganze Familie über den gefangenen Hausherrn, und zugleich herrschte unaussprechliche Freude, daß die anderen Hausväter zurückgekehrt waren und Nahrung mitgebracht hatten; die Hungersnot war ja bereits hereingebrochen. Die Familie Jakobs, Israel selbst fragte sich, warum dieses Unglück über sie gekommen war. Die Brüder erzählten ausführlich, wie sich die Sache zugetragen hatte; nur eines verschwiegen sie dem Vater und ihrer Familie, nämlich daß sie an ihrem Unglück selbst schuld waren und daß sie in Ägypten Gottes wohlverdientes Strafgericht empfangen hatten. Sie dachten wohl: „Es reicht, daß wir es wissen; die Sache muß niemals ans Tageslicht kommen.“ Auch Jakob richtete sie unfreiwillig mit seinem klagenden Ausruf: „Ihr beraubt mich meiner Kinder; Joseph ist nicht mehr vorhanden, Simeon ist nicht mehr vorhanden; Benjamin wollt ihr mir wegnehmen; es kommt alles über mich.“ Wären sie unschuldig gewesen, so hätten sie sich verteidigen können: „Tue uns nicht unrecht, Vater, wir können doch nichts dafür, daß ein wildes Tier Joseph zerrissen hat, und auch nicht, daß in Ägypten solch ein harter, ungerechter Regent ist, der uns beschuldigt und deinen Sohn Benjamin verlangt.“ So hätten sie sprechen können, aber sie schwiegen. Ruben rief als einziger im Bewußtsein seiner Unschuld aus: „Wenn ich ihn dir nicht wiederbringe, so erwürge meine beiden Söhne, gib ihn nur in meine Hände, ich will ihn dir wiederbringen.“ Aber sein Vorschlag wurde nicht angenommen. Jedem seiner Söhne hätte Jakob eher vertraut als Ruben; ja, Ruben war der letzte, dem er Benjamin anvertraut hätte. „Mein Sohn soll nicht mit euch ziehen, denn sein Bruder ist tot, und er ist allein übriggeblieben; wenn ihm ein Unfall auf der Reise begegnete, würdet ihr meine grauen Haare mit Herzeleid in die Grube bringen.“ Dabei blieb es. Die bekümmerte Familie Jakobs trennte sich. Jakob selbst unterschrieb voll Schmerz für Simeon, seinen Sohn, das Todesurteil, um nur seinen Benjamin zu behalten. – Aber du wirst den Rat deines Gottes nicht zunichte machen, Jakob; dein Sohn muß nach Ägypten, um seinen Bruder zu befreien; denn „was er sich vorgenommen, und was er haben will, daß muß doch endlich kommen, zu seinem End und Ziel“.

13. Zum zweiten Mal nach Ägypten

1. Mose 43

Das aus Ägypten mitgebrachte Getreide ging trotz der größten Sparsamkeit bald zur Neige. Es blieb nichts anderes übrig, als wieder nach Ägypten zu Joseph zu gehen. Jakob rüstete seine Söhne aus, damit sie Nahrung kaufen konnten; aber die einzige Bedingung, welche Joseph gestellt hatte, wollte er nicht erfüllen, Benjamin wollte er nicht hergeben, obwohl ihm versprochen worden war, daß er dann Simeon zurückbekäme und Nahrung für sein ganzes Haus erhalten sollte. Wenn du, liebe Seele, gerade das zurückbehalten willst, was der Herr Jesus von dir fordert, dann bemühst du dich vergebens, vor sein Angesicht zu kommen. Wenn du ihm hingegen dein Liebstes zum Opfer bringst, dann wirst du geistliche Gaben in Fülle empfangen und damit mehr als einen in der Knechtschaft Ägyptens schmachtenden Bruder befreien können!

Nach manchen Kämpfen siegte endlich Jakob über sich selbst. Judas Zuspruch hatte viel dazu beigetragen; er war nun bereit, Benjamin von sich ziehen zu lassen, und befahl den Söhnen, ein Geschenk, bestehend aus den Früchten des Landes, mit sich zu nehmen. Dieses Geschenk war in der Zeit der Hungersnot sehr kostbar. Balsam und Honig, Würze und Myrrhe, Datteln und Mandeln, kurz das Beste, was er hatte, schickte Jakob. Er wollte auf diese Weise vielleicht den vermeintlichen Zorn Josephs besänftigen, so wie er es einst mit seinem Bruder Esau getan hatte.

Juda hatte zu seinem Vater gesagt: „Wenn wir nicht so lange gezögert hätten, wären wir schon zweimal wieder zurück." Ach, dieses Zögern! Je länger du zögerst, liebe Seele, deinen Benjamin herauszugeben, desto länger läßt du andere Seelen in Hunger und Not. Jakob wandte sich von ganzem Herzen dem Herrn zu, und als er das tat, konnte er auch glauben, daß er beide Söhne zurückerhalten würde. Das gab ihm Kraft, seine Kinder geduldig zu erwarten.

Die zweite Reise der Brüder Josephs glich nicht mehr ihrer ersten. Das erstemal wußten die Brüder nicht, was sie in Ägypten erwartete; damals waren ihre Gedanken nur auf das Brot gerichtet. Nun wußten sie, daß sie dort einen harten Regenten, einen strengen Vollstrecker der Strafgerichte Gottes finden würden. Ihre Gedanken drehten sich jetzt um Simeon, ob es ihnen wohl gelingen würde, ihn zu befreien, und um Benjamin, den sie dem Vater auch zurückbringen wollten.

Als sie endlich, am Ziel ihrer Pilgerschaft angelangt, vor Joseph traten, blickte er weder auf sie noch auf ihre ängstlich-tiefen Verbeugungen, sondern allein darauf, ob sie die Bedingung erfüllt und Benjamin mitgebracht hatten. Wenn du dich dem Herrn Jesus nahst, so wird auch er darauf sehen, ob du ihm deinen Benjamin zum Opfer mitgebracht hast.

Scheinbar schenkte der ägyptische Regent den unglücklichen Söhnen Jakobs wenig Aufmerksamkeit. Sie kamen vielleicht gerade zu ihm, als er am meisten zu tun hatte, so daß er sich nur flüchtig nach ihnen umsehen konnte, denn ihm gebührte die große, heilige Pflicht, sich um die Menge zu kümmern; hing doch von seiner Umsicht und seiner Gewissenhaftigkeit das Wohl vieler Menschen ab. Joseph mußte sich in dieser Zeit mit Leib und Seele seiner großen Aufgabe als Ernährer und Beschützer des Volkes widmen. Die Hungersnot war gestiegen. Eine Karawane nach der anderen kam angereist, und die große Menge Getreide, die nicht zu zählen gewesen war, begann sich bereits zu lichten; nun handelte es sich in erster Linie um die Bewahrung Ägyptens, welches bis dahin verschont geblieben war. Die einzige freie Zeit blieb Joseph beim Mittagessen, und diese widmete er seinen Brüdern. Er hatte sie trotz seiner großen Pflichten nicht vergessen, sondern seinen Dienern befohlen, in seinem Haus auch für diese Männer ein Mahl zu bereiten. Das Beispiel der Diener Josephs ist nachahmenswert; sie fragten nicht, wieso gerade diese beschuldigten Männer, von denen der eine noch im Gefängnis saß, dazu kamen, mit ihrem geliebten Herrn am Tisch zu sitzen. Nein, sie taten ohne Widerrede, was ihnen befohlen worden war. Solche Diener, die nicht lange fragen, sondern bedingungslos seine Befehle ausführen, braucht auch unser König Jesus. Du mußt nicht alles verstehen; glaube nur, daß dein Herr für seine Befehle verantwortlich ist und daß diese immer gut sind; glaube und gehorche!

Wir können uns vorstellen, wie groß die Überraschung der Söhne Jakobs war, als man ihnen mitteilte, daß sie in Josephs Wohnhaus geführt werden sollten. Da sie wußten, daß sie nichts Gutes verdient hatten, fürchteten sie sich sehr.

„Warum führt man uns hierher?“ dachten die Brüder, „sicherlich wegen des Geldes“; sie wandten sich mit ihrer Befürchtung an den Verwalter Josephs. Sie sagten ihm, daß sie das alte Geld und auch neues mitgebracht hätten. Er aber beruhigte sie: „Fürchtet euch nicht, euer Geld habe ich erhalten.“ Nun wußten sie nicht, was sie denken sollten. Vor ihnen lag Josephs schönes Haus. Über breite, helle Treppen führten die Diener die besonderen Gäste ihres Herrn in einen so prächtigen Saal, wie es sich die einfachen Hirten nie hätten träumen lassen. Im Haus herrschte vollkommene

Ruhe und Ordnung; keiner der Diener stand müßig herum; ein jeder tat treu und streng nach den Befehlen seine Arbeit. Man sah keine Eile, kein Hasten und Drängen; alle arbeiteten nebeneinander, keiner war seinem Nachbarn hinderlich. Die Söhne Jakobs fühlten, daß hier Frieden und Glück und Segen Gottes wohnten. Darüber hinaus brachte der Verwalter Simeon zu ihnen. O, welche Freude, welch ein Wiedersehen! Wir können uns vorstellen, wie die Brüder sich umarmten und weinten. Nun begannen die Knechte Josephs, sie zu bedienen. Sie brachten ihnen Wasser für ihre Füße, gaben ihren Tieren Futter und alles Nötige und teilten ihnen mit, daß sie zum Essen geladen seien. Eine Überraschung nach der anderen! Die Brüder beruhigten sich allmählich. Nicht mehr mit Furcht, sondern voll Dankbarkeit bereiteten sie das Geschenk zu, welches ihr Vater ihnen für Joseph mitgegeben hatte.

Endlich waren Josephs Pflichten erledigt; er kam. Aber wie ganz anders war sein Gesicht; es strahlte voller Licht und Liebe. Gnädig nahm er die mit tiefen Verbeugungen überreichte Gabe an. Herzlich fragte er nach ihrem alten Vater, ob er noch lebe und gesund sei. Sie bejahten. Er sah um sich, erblickte Benjamin, und sein Herz erbebte. Am liebsten hätte er seine Arme ausgebreitet, um seinen Bruder zu empfangen; aber noch durfte das nicht sein. „Ist das euer jüngster Bruder, von dem ihr mir erzählt habt und nach dem ich euch geschickt habe?" fragte er, seine Rührung mühsam bekämpfend, und ohne eine Antwort abzuwarten, sprach er über Israels Liebling den Segen: „Gott sei dir gnädig, mein Sohn!" Aber dann übermannten Joseph seine Gefühle, er mußte hinausgehen und sich im stillen ausweinen, ehe er imstande war, ruhig mit seinen Brüdern am Tisch zu sitzen und sich nicht zu verraten.

In Jakobs Söhnen stockte der Atem vor Überraschung, als sie sich mit ihm an den Tisch setzten. Man setzte sie nach ihrem Alter; jeden dorthin, wohin er gehörte. Bei dem himmlischen Joseph ist gleichfalls jeder treuen Seele ihr Platz bereitet, und sie wird dahin gelangen, wohin es ihr bestimmt ist. Blicken wir auf Joseph, wie er dort mit seinen Brüdern zu Tisch sitzt; er erinnert uns an den, der vor seinem Abschied sagte: „Mich hat herzlich verlangt, dieses Osterlamm mit euch zu essen, ehe denn ich leide. Wahrlich, ich sage euch, daß ich hinfort nicht mehr davon essen werde, bis daß es erfüllt werde im Reich Gottes." Wenn es in der Bibelübersetzung Luthers heißt, daß die Brüder Josephs tranken und mit ihm trunken wurden, so dürfen wir nicht annehmen, daß ihr Festmahl ausgeartet wäre. Es soll damit nur gesagt sein, daß gute Speisen und edle Getränke in Fülle vorhanden waren, so daß niemand hungrig oder durstig vom Tisch aufstand. Ebenso können wir nicht denken, daß Benjamin fünfmal so viel gegessen hätte wie die anderen. O nein, er aß sicherlich nicht mehr als irgendein anderer. Aber Joseph wollte seinen Brüdern beweisen, daß er Benjamin nicht hatte holen lassen, um ihn zu quälen, sondern um ihm Gutes zu tun, und daß er ihn als Gast ehrte.

Die Herzen der Brüder strömten über vor Freude; fröhlich und dankbar verließen sie Joseph und dachten, daß dies das Ende jener wunderbaren Wege Gottes mit ihnen in Ägypten war.

14. Eine furchtbare Prüfung

1. Mose 44

Auf dem Heimweg! – Oh, wie freuten sich die Brüder Josephs, daß sie allen Bedrohungen so glücklich entronnen waren, und vielleicht dachten sie, in der Hoffnung, daß die Hungersnot nicht mehr lange andauern würde: „Damit uns nichts zustößt, wollen wir lieber nie wieder diesen Weg ziehen." Ach, welch ein Irrtum! Die Hungersnot, die noch kaum drei Jahre anhielt, sollte sieben lange Jahre dauern, und es war Gottes Plan mit der Familie Jakobs, daß diese für längere Zeit in Ägypten wohne. Liebe Seele, wie gut scheinen dir oft deine eigenen Gedanken und Pläne. Und wie klagst du, wenn sie nicht in Erfüllung gehen; und selbst wenn sie verwirklicht würden und nicht der Rat Gottes, es wäre dein Verderben!

Die Söhne Jakobs waren wieder fort. Und Joseph? Ach, Josephs Handeln erscheint uns in diesem Kapitel so seltsam. Fast sieht es so aus, als hätte dieser charaktervolle Mann sich sehr verändert, weil er wirklich imstande war, seine eigene Familie so zu behandeln. Er ließ ihnen nachjagen! Wie eigenartig mußte auch seinen Knechten sein Vorgehen erscheinen! Zuerst hatte er befohlen, seinen Becher in Benjamins Sack zu stecken, und dann ordnete er an, daß man den Männern, die doch daran ganz unschuldig waren, wegen des Bechers nachjagte. Aber an Gehorsam gewöhnt, gehorchten sie ihm auch diesmal.

Ach, stellen wir uns die furchtbare Überraschung der Söhne Jakobs vor, als ihnen der Verwalter Josephs mitteilte, warum er gekommen war. Ihr beleidigtes Ehrgefühl wallte auf. „Das Geld, das wir oben in unseren Säcken fanden, haben wir wieder zurückgebracht, wie können wir denn aus dem Haus deines Herrn Silber und Gold gestohlen haben?" Und in vollster Überzeugung ihrer Unschuld fügten sie hinzu: „Bei welchem von uns der Becher gefunden wird, der empfange die Todesstrafe, außerdem sollen auch die anderen Knechte deines Herrn sein." Der Verwalter wußte sehr gut, daß er den Becher finden würde, darum milderte er das Urteil ab, das sie selbst über sich verhängt hatten: „Bei welchem der Becher gefunden wird, der sei mein Knecht; die anderen aber sollen frei sein." Nun begann das Durchsuchen der Säcke. Zehn waren schon durchgesehen; die Brüder wuchsen in dem Gefühl ihrer erwiesenen Unschuld, denn von Benjamins Rechtschaffenheit waren sie überzeugt; und sie zitterten förmlich vor Empörung, daß man sie so schändlich zu behandeln wagte. Nun wurde der elfte Sack geöffnet; Benjamin selbst knüpfte ihn auf; aber – wie vom Blitz getroffen, taumelte er zurück. Er riß die Augen auf – alle Farbe wich aus dem schönen, jungen Gesicht, ein Schrei des Entsetzens kam über seine schneeweißen Lippen, – was funkelte ihm entgegen? – Silberglanz?! Der silberne Becher war wirklich da, in seinem Sack! Namenloses Entsetzen überfiel die Brüder. Sie wußten so gut wie Benjamin selbst, daß ihr Bruder unschuldig war. Sie zerrissen ihre Kleider, und indem sie freiwillig wieder ihre Tiere beluden, kehrten sie zur Stadt zurück. Sie waren entschlossen, lieber zu sterben oder für immer in diesem schrecklichen Land zu bleiben, als ins Land Kanaan zurückzukehren und den Jammer ihres Vaters mit anzusehen. Zum vierten Mal innerhalb kurzer Zeit standen, oder vielmehr lagen sie im Staub vor Joseph. Armer Benjamin!

„Wie habt ihr das tun können?" fragte Joseph. Benjamin

wußte, daß ihn das Unglück unschuldig ereilt hatte; auch die übrigen Söhne Jakobs wußten, daß sie den Becher nicht genommen hatten; aber – sie wußten, daß sie damals dem Vater seinen Sonnenstrahl geraubt und diesen ins Verderben gestürzt hatten. Juda wußte es, und Ruben wußte es, und ein jeder von ihnen wußte so manches, was sie getan hatten. Sie standen plötzlich Auge in Auge ihrer Sünde gegenüber, und der Spiegel der Wahrheit zeigte ihnen ein schreckliches Bild. Und keinem, auch Benjamin nicht, war diese Selbstprüfung zum Schaden. Auf die Frage: „Wie habt ihr das tun können?" hatten die Brüder Josephs keine Antwort. Sie bemühten sich nicht mehr, ihre Sünde zu entschuldigen. Sie fühlten, daß die Folgen ihrer Sünde und die Strafe für diese über sie hereinbrachen und daß ihnen das Wasser bis zum Hals reichte. Ihr Stolz und ihre Selbstgerechtigkeit waren gebrochen. Juda sprach im Namen aller: „Was sollen wir meinem Herrn sagen, oder wie sollen wir reden, und womit können wir uns rechtfertigen? Gott hat die Sünde deiner Knechte gefunden. Wir und derjenige, bei dem der Becher gefunden wurde, sind die Knechte meines Herrn."

Diese Antwort, die demütige Erkenntnis und aufrichtiges Schuldbekenntnis einschloß, war zwar ganz richtig; aber es lag in ihr noch ein Stück Leid einer niedergeschmetterten Seele, und deshalb genügte sie Joseph nicht; ebensowenig, wie es dem Herrn Jesus genügt, wenn er dich durch Leiden und Heimsuchungen aller Art nur so weit gebracht hat, daß du bereit bist, dich voll stumpfer Verzweiflung dem Willen Gottes zu unterwerfen. Joseph wollte seine Brüder aus ihrem geistlichen Tod erwecken und sich gleichzeitig von ihrer Bruderliebe überzeugen. „So soll es nicht sein", sprach er entschieden: „Der Mann, bei dem der Becher gefunden wurde, soll mein Knecht sein; ihr aber könnt mit Frieden zu eurem Vater ziehen." Es ist beinahe, als wollte er hinzufügen: „Ihr habt ja auch damals ganz friedlich euer Brot gegessen, nachdem ihr Joseph in die Grube geworfen habt, und seid ganz friedlich heimgekehrt, um euren betrübten Vater zu trösten; so zieht auch jetzt mit Frieden zu ihm." Aber das waren nicht mehr dieselben Männer wie vor Jahren! Sie konnten nicht mehr mit Frieden zu Jakob ziehen und seinen Jammer mit ansehen. Nein, auch nicht für den Preis ihrer Freiheit und ihres Lebens! Ihre Selbstsucht war gestorben, so wie zuvor ihr ganzer Stolz. Juda trat vor Joseph und erinnerte ihn an alles, was sich zwischen ihnen und ihm bei ihrem ersten Besuch zugetragen hatte. Er erzählte ihm von dem Leid des Vaters daheim, von seiner Liebe zu Benjamin, ein Beweis, daß er nicht neidisch darauf war. Und da er ständig an seine Sünde denken mußte, die er an Joseph begangen hatte, erwähnte er auch diesen Bruder, obwohl er von ihm hätte schweigen können. Ach, er war nicht mehr derselbe Lügner, der einst Jakob den blutigen Rock seines Sohnes ins Haus geschickt hatte, denn er sprach mit keinem Wort davon, daß ein wildes Tier Joseph zerrissen hätte. Er sagte: „Du wolltest uns nicht zu dir kommen lassen, es sei denn, wir brächten Benjamin mit. Wir können ohne ihn nicht zu unserem Vater zurückkehren, besonders ich nicht. Ich habe versprochen, daß ich, wenn ich ihn nicht wiederbringe, mein Leben lang die Schuld dafür tragen will. Wie könnte ich ohne Benjamin vor meinen Vater treten und seinen Jammer mitansehen! Nein, niemals! – Lieber will ich durch ein freiwilliges Opfer das Leben und das Glück meines Vaters und meines Bruders erkaufen! Laß ihn heimgehen; ich will an seiner Stelle dein Knecht sein!"

In jenem Augenblick, als Juda bereit war, seine Heimat, seine Familie, seinen Hausstand, seine hohe, unabhängige

Stellung aufzugeben und aus reiner, selbstloser Liebe, nur um seinen Vater und seinen Bruder zu retten, ein Sklave zu werden, da war Gott und sein Werkzeug Joseph mit ihm fertig. Von jener Stunde an war er würdig, der Stammvater jenes „Schiloh" zu werden, „dem die Völker anhangen werden", des Sohnes Gottes, der sich selbst aufgab und Knechtsgestalt annahm, um für seine zum Tode verurteilten Brüder sein Leben zu lassen und sie auf ewig aus der grausamen Knechtschaft zu erlösen.

15. Ein feierlicher Augenblick

1. Mose 45,1-20

O, liebe Seele, stehe still bei der wunderbaren Bedeutung dieses Kapitels. Es gleicht einem Spiegel, in dem in prophetischem Bild abgeschattet ist, was sich einst zum Erstaunen des ganzen Menschengeschlechtes abspielen wird. Joseph konnte sich in seiner Freude über die vollkommene Veränderung, die er an Juda und seinen übrigen Brüdern bemerkte, nicht länger zurückhalten. Gebieterisch und machtvoll befahl er: „Laßt die Diener von mir hinausgehen!"

Dieser feierliche Augenblick bedurfte keiner Zeugen. Sein Befehl wurde ausgeführt; Joseph blieb mit seinen Brüdern allein. Und da streckte er ihnen laut weinend seine Arme entgegen. „Ich bin Joseph, euer Bruder!" rief er, so daß es die Ägypter und die Knechte Pharaos hören konnten, die sich draußen versammelt hatten, um zuzuhören. „Ich bin Joseph, euer Bruder. Lebt mein Vater noch?" So rief Joseph, aber er bekam keine Antwort; denn wer könnte das Erschrecken der Söhne Jakobs beschreiben? „Tretet doch näher zu mir!" befahl er weiter.

Sie gehorchten wortlos; sie blickten in sein schönes Gesicht, auf seine edle Erscheinung; sie glaubten ihm, daß er die Wahrheit sprach, schon allein deshalb, weil er jetzt ohne Dolmetscher in ihrer Sprache zu ihnen redete. Aber sie waren ganz niedergeschmettert von dieser furchtbaren Tatsache. „Ich bin Joseph, euer Bruder, den ihr nach Ägypten verkauft habt." – Seht mich nur gut an! – Ja, er war es, sie sahen es, und nun tat es ihnen bitter leid, daß sie ihn vor Jahren verkauft hatten. Schmerz und Reue drückten sich so lebhaft in ihren Zügen aus, daß Joseph gezwungen war, sie zu trösten. „Und nun sorgt euch nicht, und denkt nicht, daß ich darüber erzürnt bin, daß ihr mich hierher verkauft habt; denn um euer Leben zu erhalten, hat mich Gott vor euch hergesandt. Es sind bereits zwei Jahre, daß die Hungersnot im Land ist; doch es wird noch fünf Jahre weder Pflügen noch Ernten geben. Aber Gott hat mich vor euch hergesandt, damit er euch erhalte auf Erden und euer Leben errette durch eine große Errettung. Ihr habt mich nicht hergesandt, sondern Gott; der hat gemacht, daß Pharao mich zum Herrn über all sein Haus und zum Fürsten über ganz Ägypten gesetzt hat. Eilt nun und zieht zu eurem Vater und sagt ihm: „Das läßt dir Joseph, dein Sohn, sagen: ‚Gott hat mich zum Herrn in ganz Ägypten gesetzt; komm zu mir, warte nicht lange. Du sollst im Land Gosen nahe bei mir wohnen, du und deine Kinder und deine Kindeskinder, dein Klein- und Großvieh und alles, was du hast. Und ich will dich versorgen, denn es sind noch fünf Jahre der Hungersnot, so daß du nicht umkommst mit deinem Haus und allem, das du hast‘. Eure Augen sehen, und die Augen eures Bruders Benjamin, daß ich mündlich mit euch rede. Erzählt eurem Vater von meiner Herrlichkeit in Ägypten und alles, was ihr gesehen habt; eilt und kommt mit meinem Vater wieder hierher.“ – Dann umarmte Joseph Benjamin, und sie weinten beide. Und dann, ach, welch überaus schöner Anblick! Dann zog Joseph einen Bruder nach dem anderen an sein Herz und versicherte ihm durch einen brüderlichen Kuß seine großmütige, vergebende Liebe. Damit löste sich ihre Erstarrung, und unter den warmen Sonnenstrahlen der Liebe Josephs schmolz die letzte Eisrinde. Was die Brüder dann sprachen, steht nicht in diesem Kapitel, aber du kannst es dir wohl denken, liebe Seele. Nun erst bereuten sie aufrichtig ihre Sünde und baten ihn unter heißen Tränen um Verzeihung.

Inzwischen verbreitete sich die überraschende Nachricht, daß Josephs Brüder angekommen waren, im königlichen Palast. Um Josephs und seiner Verdienste willen waren die Gäste auch dem König und seinem ganzen Hofstaat herzlich willkommen. Wir können uns wohl vorstellen, wie der König Joseph rufen ließ. Und nachdem er von ihm alle Einzelheiten erfahren hatte und nun wußte, daß Joseph seine ganze Familie in Ägypten ansiedeln wollte, ließ er den Brüdern seines Günstlings ebenfalls sagen, sie möchten ihren Vater holen. Aber er tat noch mehr: Er ließ ihnen Wagen geben, auf welchen sie ihren Vater sowie ihre Frauen und Kinder herführen konnten. Wegen der Hausgeräte sollten sie sich keine Sorgen machen, diese würden sie sich in dem Land Gosen bald beschaffen können. Um Josephs willen waren seiner ganzen Familie große, herrliche Dinge verheißen.

Aber warum ist dieser Augenblick des Wiederfindens so feierlich? Wovon ist er das Bild? Ach, es ist da noch ein anderer Joseph, den seine Brüder verkauft haben, der um ihrer Sünde willen nicht nur ein Knecht wurde, sondern auch den Tod eines Knechtes am Kreuz sterben mußte. Seine Familie hat ihn ausgestoßen und will ihn bis heute nicht kennen. Aber es wird der Augenblick kommen, wo dieser Joseph mit großer Macht und Herrlichkeit wiederkehren wird und seine Familie ihm plötzlich allein gegenübersteht. Keine andere Nation wird dabeisein, die anderen Völker werden nur von ferne zuhören. Wer könnte ihn beschreiben, jenen furchtbaren und zugleich herrlichen Augenblick, wenn es mächtig und erschütternd ertönen wird: „Ich bin Jesus, euer Bruder! Der Jesus, den ihr gekreuzigt und vor Pontius Pilatus gebracht habt“ und sich die Weissagung erfüllen wird: „Sie werden sehen, in welchen sie gestochen haben.“ „Und es werden heulen alle Geschlechter auf Erden.“

Und dann wird er, unser himmlischer Joseph, von seinem Volk endlich erkannt und anerkannt, diesem seine große Liebe beweisen: Er wird ihre Schuld mildern und ihnen erklären, daß Gott auch das Böse, das sie und ihre Väter begangen haben, zum Heil der ganzen Menschheit benutzt. Er wird ihnen sagen, daß Gott ihn durch seinen Kreuzestod vor ihnen hergesandt hat, um ihm die Schlüssel aller Schätze zu geben und ihn zum Heiland und Herrn Himmels und der Erde zu machen, so daß ohne seinen Willen im Reiche Gottes niemand eine Hand oder einen Fuß rühren darf.

Alle Vorbereitungen sind getroffen, er wird kommen. Ja, er wird wiederkommen, aber erst, wenn das Volk Israel aus allen Ländern und Völkern der Erde an einem Ort versammelt sein wird. Er sehnt sich sehr danach, Benjamin zu umarmen, das heißt: jene Seelen aus dem jüdischen Volk, welche ihn geliebt und sich nach ihm gesehnt haben, um dabei gleichzeitig die Liebe seiner jetzt noch verhärteten Brüder zu gewinnen.

Er wird wiederkommen! O meine Seele, wo wirst du dann sein? Wirst du unter den Freunden des Bräutigams sein, welche sich mit ihm freuen werden? „Ihr seid meine Freunde, wenn ihr tut, was ich euch gebiete.“ Liebe ihn und gehorche ihm, dann wird dir die Ehre zuteil, daß du dich mit dem himmlischen Vater über die Freude und Herrlichkeit des Menschensohnes freuen wirst, um dessen Verdienste willen das ganze Haus Jakob in Gnaden angenommen werden wird. Ehre sei dir, Herr Gott Zebaoth, daß du solches beschlossen hast! Halleluja!

16. Frohe Botschaft

1. Mose 45,21-28

Joseph stattete seine Brüder aus, gab ihnen Wagen, wohl auch Diener und Geschenke. Jeder bekam ein Festkleid und Nahrung mit auf den Weg; aber Benjamin gab er fünf Festkleider und 300 Silberstücke. Seinem Vater sandte Joseph viele schöne Geschenke, damit dieser erkenne, daß sein Sohn wirklich Herr in Ägypten sei. Als er seine Brüder entließ, gab er ihnen eine kurze, aber bedeutungsvolle Ermahnung: „Zankt nicht auf dem Weg!" Denn wie leicht hätte es dazu kommen können, daß sie Benjamin beneidet hätten oder daß einer dem anderen vorgeworfen hätte: „Du warst mehr Schuld an Josephs Verkauf als ich."

Ach, welche Feder wäre imstande, die Heimkehr der Söhne Jakobs zu schildern! Sie ließen ihre Last vor dem Zelt ihres Vaters, liefen hinein und jubelten einer mehr als der andere: „Joseph lebt noch und ist ein Herr im ganzen Land Ägypten." Diese Nachricht wirkte so mächtig auf Jakob, daß er beinahe ohnmächtig wurde; er konnte es nicht glauben, denn es war eine zu unerwartete und zu schöne Botschaft. Als er sich etwas erholt hatte, erzählten ihm seine Söhne alle Worte Josephs und sagten ihm alles; ja – sie erzählten und bekannten ihm nun auch, wie Joseph nach Ägypten gekommen ist, und wie das, was sie in Ägypten erlebt hatten, eine Strafe Gottes und eine Prüfung Josephs gewesen war. Dann führten sie ihn hinaus und zeigten ihm die ägyptischen Wagen, die Geschenke Josephs und ihre Kleider, besonders Benjamins Gewänder.

Ach, das waren genug Beweise! Jakobs Herz wurde neu

belebt; er sah, wie herrlich es ihm der Herr vergolten hatte, daß er sich bezwungen und Benjamin ausgeliefert hatte. Er hatte Benjamin hergegeben und Joseph dafür bekommen, und außerdem ruhte Benjamin an seinem Herzen, umfaßte Simeon seine Knie. „Ich habe genug, daß mein Sohn Joseph noch lebt; ich will hin und ihn sehen, ehe ich sterbe“, sprach Jakob. Auch du, liebe Seele, wirst volle Genüge haben, wenn du Jesus sehen wirst. Nur wirst du dann nicht sterben, sondern ewig leben, so wie auch Jakob nicht starb, sondern sich noch 16 Jahre im Glück, in der Ehre und Liebe seines Lieblings Joseph sonnte; ebenso lange, wie ihm der Herr diesen zur Ausführung seiner wunderbaren Gedanken entzogen hatte.

17. Auf dem Wege zu Joseph

1. Mose 46

So zog Jakob mit allem, was er hatte, zu Joseph; aber bevor er das Land Kanaan verließ, in dem er gehofft hatte, wie Abraham und Isaak sein Leben zu beschließen, ging er noch einmal nach Beer-Seba, jenem denkwürdigen Ort, wo Abraham Bäume gepflanzt und einen Opferaltar errichtet hatte. Dort brachte auch er aus vollem Herzen dem lebendigen Gott, welcher mit ihm in Haran gewesen war, Lob- und Dankopfer dar und bat ihn, nun auch mit ihm ins große, heidnische Ägypten zu ziehen. Weil Gott wußte, daß es Jakob schwerfiel, jene geheiligten Stätten zu verlassen, an denen der Herr sich seinen Vätern geoffenbart hatte, kam er des Nachts zu Jakob, um ihm zu versichern, daß dieser Schritt sein Wille sei und daß er auch in Ägypten bei ihm sein werde. „Ich bin Gott, der Gott deines Vaters; fürchte dich nicht, nach Ägypten zu ziehen denn dort will ich dich zum großen Volk machen.“ (Es ist, als wollte Gott Jakob damit sagen: „Laß es dir nicht so schwerfallen, diese Stätten zu verlassen, denn meine Gegenwart ist an diese nicht gebunden.“) „Ich will mit dir nach Ägypten ziehen und will dich auch wieder zurückführen; und Joseph soll seine Hände auf deine Augen legen.“ Welch schöne, herrliche Verheißung!

Liebe Seele! Wenn du gehorsam und mit Selbstverleugnung den Willen Gottes tust, dann fürchte dich nicht! Der Herr Jesus wird auch in die größte Dunkelheit mit dir gehen und schließlich alles in Freude und Segen verkehren.

So zog Jakob mit seiner ganzen Familie, 66 Menschen, nach Ägypten. Unter dem Schirm des großen und heiligen

Gottes gingen sie einem neuen Leben entgegen. Juda leitete den Zug. Jakob schickte ihn zu Joseph, als sie schon fast bei ihm waren, um diesem ihr Kommen anzuzeigen. O welche Freude erfüllte da das sehnsüchtig wartende Herz Josephs! Augenblicklich befahl er anzuspannen, und eilte seinem Vater und seiner Familie entgegen.

Freude, unendliche Freude empfanden Jakob und Joseph, als sie einander weinend um den Hals fielen. Wer könnte das beschreiben?! Aber ein noch größerer, herrlicherer Augenblick war es, als nach 33jähriger Trennung der eingeborene, geliebte Sohn zum Vater zurückkehrte. Er kehrte vom Kampfplatz, wo er alle Kämpfe ausgefochten hatte, als Sieger zurück. Oh, was muß es für ein Willkommen gewesen sein! Das wirst du, liebe Seele, erfahren, wenn du einst bei diesem Sohn sein wirst, und ein Augenzeuge, einer aus dem Heer Gottes, es dir erzählen wird.

Jakob begehrte nichts weiter auf Erden; sein Herz war gesättigt, nachdem er Joseph lebend gesehen hatte.

Joseph mußte erst Pharao die Ankunft seiner Familie melden. So wird es nicht sein, wenn der himmlische Joseph die Seinen heimholt. Der König Himmels und der Erden, der Herr Zebaoth, wird ihr von ferne entgegeneilen, um die Braut seines geliebten Sohnes willkommen zu heißen und an sein Herz zu drücken. Auch du, liebe Seele, wirst dich dann in seiner heiligen Umarmung finden.

Joseph nahm fünf seiner Brüder und seinen Vater und stellte sie dem König vor, und nach einer herzlichen Unterredung gab er ihnen das Land Gosen als Wohnstätte, ja, er ordnete an, daß Joseph die Tüchtigsten unter ihnen zu Aufsehern über seinen großen Viehbestand machen sollte. So bekamen die Brüder Josephs nicht nur ein Heim, sondern auch Amt und Würden im Land Gosen. Außerdem versorgte Joseph sie inmitten der allgemeinen Hungersnot mit Nahrung. So wird auch unser himmlischer Joseph für die Seinen sorgen, noch ehe die schreckliche Zeit der geistlichen Hungersnot, die antichristliche Trübsal, über diese Erde hereinbricht, wenn die Leute von Ort zu Ort eilen werden, um das Evangelium zu suchen, aber es nicht mehr finden können. Noch ehe diese furchtbare Zeit beginnt, wird sich jene geheimnisvolle, der Welt unbegreifliche Weissagung erfüllen: „Der eine wird angenommen, der andere wird verlassen werden.“ Die Kinder Gottes werden der Erde entrückt und ins paradiesische Gosen versetzt, wo sie in Fülle des Friedens und des Lichtes jenen großen Augenblick erwarten, in dem die ganze Erde durch Jesus von Nazareth erkauft sein wird.

18. Rettung aus Not

1. Mose 47,1-25

Nun erst begann auch für die Bewohner Ägyptens die angekündigte Hungersnot. Solange die Ägypter Geld hatten, kauften sie und litten keine Not; aber das Geld reicht nicht ewig; es ging zur Neige. Zu ihrem großen Entsetzen nahmen die Leute wahr, daß sie nichts mehr hatten, um damit kaufen zu können. Es schien ihnen undenkbar, daß sie vor den Augen des gütigen Josephs vor Hunger sterben sollten, nur weil sie kein Geld hatten. Sie gingen zu ihm, und er gab ihnen den Rat: „Bringt euer Vieh her, so will ich euch dafür Brot geben."

Sie taten es; aber auch die Viehbestände gingen zu Ende. Es dauerte kein Jahr, da kam das Volk wieder zu Joseph. Sie verbargen ihm nicht, daß all ihr Besitz verbraucht war, daß sie nichts mehr hatten, als ihre Leiber, ihre kahlen, unfruchtbaren Felder und die Dörfer, in denen sie wohnten. Sie baten ihn, ihr Land und sie selbst als Leibeigene zu kaufen und sie dafür während der andauernden Hungersnot zu versorgen. Joseph tat dies und kaufte das ganze Land für Pharao. Die entfernt Wohnenden siedelte er in der Nähe der königlichen Städte an, damit er sie so besser versorgen konnte, und gab ihnen Samen zum Besäen ihrer Felder. In dem Augenblick, als die Ägypter sich im Vertrauen auf Joseph an Pharao verkauften, war ihre Not zu Ende, und sie konnten, unbekümmert um den Hunger, der auf Erden herrschte, ganz ohne Sorgen leben. Sie gehörten nun Pharao und glaubten, daß er dafür sorgen würde, daß ihm nicht einer von ihnen zugrunde ging.

Liebe Seele, welch schönes Beispiel ist das für dich! Wenn du schon zu den Schatzkammern des himmlischen Josephs gekommen bist und ihm ein ums andere Mal geopfert hast, was du hattest, tue den entscheidenden Schritt und übergib dich ihm ganz, mit Leib und Seele, mit all deinen Fähigkeiten und Schwachheiten, ja auch mit deinen irdischen und leiblichen Angelegenheiten, und du wirst von allen Sorgen vollkommen befreit sein. Solange du zu ihm kommst und denkst, daß du für die geistlichen Gaben jedesmal etwas mitbringen mußt, einmal dein Geld, dann deine Freude an irdischen Dingen usw., solange führst du ein Leben voll Unruhe und Sorge um dein ewiges Glück. Aber sobald du dich entschlossen hast, dich ihm völlig auszuliefern und von diesem Augenblick an nicht mehr dir selbst, sondern ihm anzugehören, hat alle Sorge ein Ende. Denn er hat gesagt: „Niemand wird sie mir aus meiner Hand reißen."

Aber bedenken wir, wie es den Ägyptern erging und was das für sie bedeutete, daß sie sich verkauft hatten! Von jener Stunde an durfte keiner von seinen Äckern oder von seinem Haus, ja selbst nicht von seinen Kindern und Männern sagen: „Dies gehört mir", denn alles gehörte dem König. Niemand durfte sagen: „Ich darf tun, was mir gefällt und leben, wie ich will", denn sein Leben, seine Kräfte und Fähigkeiten durfte er nur im Dienst des Königs gebrauchen und betätigen. Manchem scheint, daß dies ein unerträgliches Leben gewesen sein müsse. Welche Entschädigung bekamen sie dafür?

Sie durften friedlich und sorglos im Haus des Königs leben und die königlichen Äcker bearbeiten. Von dem Ertrag gehörten vier Teile ihnen, den fünften Teil behielt der König zurück. In Zeiten der Not, wenn die Felder nichts trugen, war der König verpflichtet, sie zu versorgen. Niemand durfte sie antasten, oder er mußte mit der Strafe des Königs rechnen, denn sie waren sein, gehörten ihm.

Liebe Seele, so glücklich wirst auch du sein, wenn du dich deinem König als Eigentum übergibst. Du wirst dann freilich nichts mehr dein eigen nennen dürfen, weder dein Leben noch deine Frau, deinen Mann, deine Kinder, Brüder und Schwestern, Äcker, Häuser, Gaben und Fähigkeiten; das alles gehört deinem König. Dafür ruht alle deine Sorge um dein zeitliches und ewiges Heil ein für allemal auf den Schultern deines Königs. In Zeiten geistlichen Hungers wird er dich sättigen. Du wirst für immer von der Todesfurcht befreit, denn du kannst nicht verlorengehen. Kein Feind darf dir ungestraft etwas zuleide tun, denn „wer euch antastet, tastet meinen Augapfel an", spricht der Herr. Zögere nicht, dir diesen seligen Frieden, dieses stille, wunschlose Glück anzueignen, das man höchstens mit dem Glück eines unschuldigen, in den Armen seiner Mutter ruhenden neugeborenen Kindes vergleichen kann.

Als die Ägypter aus Josephs Mund hörten, wie es mit ihnen weitergehen sollte, riefen sie voll Dankbarkeit aus: „Du hast uns am Leben erhalten; laß uns nur Gnade finden vor dir, so wollen wir gern Pharao leibeigen sein." Sie sahen es als ein Glück, eine Gnade an, die Knechte eines gütigen Königs sein zu dürfen. Dein König ist noch viel, viel besser. Wer sich ihm für immer übergibt, der wird es mit Dank bezeugen, welche Gnade ihm dadurch widerfahren ist, daß er es tun durfte. Ja, er wird es als ein Vorrecht betrachten, wenn er seinem himmlischen König dienen darf.

19. Sehnsucht nach der Heimat

1. Mose 47,26-31

Kehren wir wieder zu Joseph und zu der Familie Israels zurück. 16 Jahre dauerte der Aufenthalt Jakobs in Ägypten; schon ging es ins siebzehnte Jahr. Welch eine lange, bedeutungsvolle Zeit! Wichtige Ereignisse waren in dieser Zeit an Joseph vorübergegangen. In Ägypten hatten sich während der Zeit der Not und in den darauffolgenden Jahren große politische Umwälzungen vollzogen. Aus einem freien Staat war ein von einem König abhängiger Staat mit einem Alleinherrscher an der Spitze geworden. In der ganzen Zeit lebte die Familie Jakobs still und friedlich in dem Land Gosen und wuchs nach innen und außen; Gottes Segen ruhte sichtbar auf ihr. Israel sah nicht nur das Glück und den Reichtum seines Lieblings Joseph und seines jüngsten Sohnes Benjamin, sondern auch seiner übrigen Söhne, über die er nun nicht mehr klagen mußte. O nein; Gott war mit ihnen ans Ziel gekommen, sie lebten mit Gott wie Joseph, und richteten auch ihr Familienleben danach aus. Aber obwohl Jakob von diesen Lebensjahren, in denen der Herr seine Gnade über ihm leuchten ließ, nicht sagen konnte, daß sie schlecht waren, fühlte er sich dennoch in Ägypten nicht zu Hause. Die Sehnsucht nach den Tälern und Hügeln Kanaans, nach Libanon und Morija nagte an seinem Herzen. Wir dürfen uns nicht wundern, daß er sich nach Palästina sehnte, obwohl er mit seiner ganzen Familie umgezogen war; hatte doch der Herr dieses Land Abraham, Isaak und ihm selbst gegeben. Sie hatten zwar dort noch kein anderes Besitztum als die Grabstätte, welche Abraham gekauft hatte, – aber gerade dorthin zog es Jakob so mächtig. Er fühlte, daß er nicht mehr lange hier sein würde, und wenn nicht im Leben, dann wollte er wenigstens im Tod im Land seiner Väter ruhen. Er ließ Joseph zu sich rufen und trug ihm im vertraulichen Zwiegespräch seinen Wunsch vor: „Ich bitte dich, daß du mich nicht in Ägypten begräbst", bat er demütig, „sondern ich will bei meinen Vätern liegen, und du sollst mich aus Ägypten führen und in ihrem Grab begraben." Joseph versprach seinem Vater mit einem Eid, seinen Wunsch, – der zu jener Zeit keine Kleinigkeit war, wenn wir die weite Entfernung zwischen Kanaan und Ägypten bedenken, – zu erfüllen. Dann sprachen sie gewiß noch lange zusammen von ihrer Heimat. Beim Fortgehen ordnete Joseph an, ihn sogleich zu rufen, falls sich die Krankheit seines Vaters verschlimmern würde; was wohl auch bald geschah.

20. Die große Vergeltung

1. Mose 48

Diesmal kam Joseph zu seinem Vater in Begleitung zweier junger Männer, denen man es an ihren Kleidern, an der Haltung, an ihrem ganzen Benehmen anmerkte, daß sie in königlicher Umgebung aufgewachsen waren. Kaum hatte der schwache, kranke Jakob vernommen, daß Joseph gekommen sei, so fühlte er sich wunderbar gekräftigt. Ach, dieser Sohn war und blieb eben sein Sonnenschein bis zur letzten Stunde. Israel setzte sich aufrecht hin und erinnerte Joseph an die großen Verheißungen, die Gott ihm gegeben hatte. Er glaubte dabei, daß sein Haus einmal als zahlreiches Volk nach Kanaan gehen würde, um dieses Land einzunehmen, darum wollte er Joseph jetzt für all seine Sohnesliebe fürstlich belohnen. Er wollte, daß Josephs beide Söhne jetzt und für künftige Zeiten – als Söhne und Nachkommen Jakobs angesehen und somit der Familie Josephs zwei Teile in dem verheißenen Land gegeben werden sollten. Jakob handelte in dieser Sache nicht eigenmächtig, sondern – nach dem Willen Gottes. Gott selbst erhöhte Joseph in dieser Weise über seine Brüder. Bei dieser Gelegenheit dachte Jakob wehmütig an seine geliebte Frau Rahel, welche ihm einst so rasch entrissen worden war, daß er sie weder seinem Vater Isaak vorstellen noch sie in der Begräbnisstätte Abrahams begraben konnte. 147 Jahre war Jakob alt, und noch immer liebte er Rahel. Eine wahre Liebe geht mit uns noch in die Ewigkeit.

Stellen wir uns vor, wie gespannt und ehrfurchtsvoll beide Enkel den Worten ihres Großvaters lauschten. Aus ihren schönen Zügen strahlte das Feuer jugendlicher Begeisterung. Oh, welch eine Ehre für sie, die Träger zweier hervorragender Namen, die Begründer zweier Stämme und überdies Miterben jenes herrlichen Landes zu werden, von dem ihnen ihr Vater schon so viel Schönes erzählt hatte! Voll Bewunderung blickten sie in das Gesicht des alten Mannes, der so schlicht erzählte, daß Gott ihm erschienen sei und zu ihm geredet habe. Da wandte Jakob den Blick von Joseph ab, blickte umher und bemerkte die beiden: „Wer sind die?" fragte er. Sicherlich hatte Jakob Josephs Söhne schon früher gesehen, aber das war vielleicht schon lange her, und inzwischen waren sie so herangewachsen, daß er sie nicht erkannte. „Es sind meine Söhne", entgegnete Joseph froh, „die Gott mir hier gegeben hat." O glücklicher Vater, welcher sich dankbar seiner wohlgeratenen, zur Ehre Gottes heranwachsenden Kinder erfreuen kann! „Bringe sie her zu mir, damit ich sie segne." Jakob breitete seine Arme aus und drückte seine Enkel an sein Herz. Voll Freude umarmte und küßte er sie. Sicherlich erwiderten sie seine Liebkosungen und dachten wohl noch nach Jahren an diesen für sie so feierlichen Augenblick. „Ich habe nicht gedacht", sprach Jakob zu Joseph, indem er ihn fest anblickte, „daß ich dich wiedersehen würde; und siehe, Gott hat mich auch deine Nachkommen sehen lassen." Der beste Beweis dafür, daß es sich lohnt, unserem Gott zu dienen, obwohl es mitunter so aussieht, als ob er mit den Seinen hart und unbarmherzig verfahre; aber das Ende wird doch meistens herrlich. Joseph kniete mit seinen Söhnen zu den Füßen seines Vaters nieder; Joseph, voll unbeschreiblicher Rührung, im prophetischen Geist in die herrliche Zukunft schauend, die seine Söhne erwartete, neigte sein Gesicht bis zur Erde vor dem gnädigen, liebreichen Gott, der die auf ihn gesetzten Erwartungen nicht nur nicht enttäuscht, sondern über Erwarten reichlich erfüllt hatte. Dann stellte Joseph seinem Vater die Söhne nach ihrem Alter gegenüber. Aber Jakob, vom Geist Gottes geleitet, legte seine Rechte auf Ephraims Haupt und gab ihm also den Vorrang vor dem erstgeborenen Manasse und ließ sich darin auch von Joseph nicht beirren. „Ich weiß wohl, mein Sohn, ich weiß wohl," entgegnete er auf Josephs Einwand. „Dieser soll auch ein Volk werden und wird groß sein; aber sein jüngerer Bruder wird größer werden als er."

Ach, wie schön klang der Segen, der Joseph und seinen Söhnen galt: „Der Gott, mit dem meine Väter, Abraham und Isaak, ihr Leben führten, der Gott, der mein Hirte gewesen ist mein Leben lang bis auf diesen Tag, der Engel (das ist Jesus), der mich erlöst hat von allem Übel, der segne die Jungen, daß sie nach meinem und nach meiner Väter, Abrahams und Isaaks, Namen genannt werden, daß sie wachsen und groß werden auf Erden. Wer in Israel jemand segnen will, der sage: ‚Gott mache dich wie Ephraim und Manasse!' Siehe, ich sterbe; und Gott wird mit euch sein und wird euch zurückbringen in das Land eurer Väter. Ich habe dir ein Stück Land mehr gegeben als deinen Brüdern, das ich mit meinem Schwert und Bogen aus der Hand der Amoriter genommen habe." Jakob selbst hatte zwar nicht mit den Amoritern gekämpft, aber im prophetischen Geist sah er die Kämpfe voraus, welche seine Nachkommen mit ihnen bestehen sollten, ehe sie ihr Erbteil einnehmen konnten.

21. Der Segen

1. Mose 49

Dann ließ Jakob seine übrigen Söhne versammeln, um ihnen zu sagen, was ihnen in künftigen Zeiten begegnen sollte. Wir dürfen nicht denken, daß Israel seinen Söhnen zugedacht hätte, was dieses Kapitel enthält; nein, er verkündet ihnen nur den Willen und das Urteil Gottes über sie. Wir dürfen nicht annehmen, daß Jakob seinem Sohn Ruben, der ihm nun seit langen Jahren seine kindliche Liebe zu beweisen suchte, seine schwere Sünde noch immer nicht vergeben hätte. Ach nein, Jakob hatte vergeben, und sicher war es schmerzlich für ihn, daß er verkünden mußte: „Er fuhr leichtfertig dahin wie Wasser. Du sollst nicht der Oberste sein", aber es half nichts. Die Strafe Gottes war da und mußte angezeigt werden. Verschweigen half nichts. Sie mußte verkündigt werden als Warnung für künftige Generationen, ebenso wie das Gericht über Simeon und Levi.

„Verflucht sei ihr Zorn", sagte Jakob von seinen Söhnen. Warum verflucht? „Weil er so heftig ist, und ihr Grimm, weil er so störrisch ist. Ich will sie zerteilen in Jakob und zerstreuen in Israel."

Für Juda sagte sein Vater voraus, daß aus seinem Stamm Könige hervorgehen würden und daß weder das Zepter noch der Herrscherstab von ihm entwendet werden sollte, bis daß der Held, das Schiloh, der Messias, komme: „Und demselben werden die Völker anhangen".

Welch herrliche Erfüllung hat diese Weissagung sowie die übrigen Weissagungen Jakobs gefunden! Der verheißene Segen ist wörtlich eingetroffen und wird noch kommen, denn der Heilige Geist selbst hat durch den Mund seines Dieners geredet.

Nachdem er seinen Segen beendet hatte, sprach Jakob vor seiner ganzen Familie den Wunsch aus, wo er begraben werden wollte, nämlich in der Grabstätte Abrahams, wo sie Abraham und Sarah, Isaak und Rebekka sowie seine Frau Lea begraben hatten.

Nachdem Jakob alles getan hatte, was der Herr ihm aufgetragen hatte, schloß der Todesschlaf seine müden Augen. Er schlief ein, um erst an jenem herrlichen Tag zu erwachen, wenn sein Nachkomme, der sieghafte Held und Immanuel, in die dunklen Gebiete des Hades kommt, um die Bande des Todes und der Hölle zu zerbrechen, die Gefangenen mächtig zu befreien und zu Gott zu führen, der während seines ganzen Lebens und selbst im Tod und nach dem Tod Jakobs Hirte gewesen war.

22. Vollendung der Erziehung

1. Mose 50

Das erste Kapitel der Bibel erzählt uns, daß es einst eine Zeit gab, in der nichts war, nur Gott; das 50. Kapitel dieses Buches schildert uns das Ende zweier hervorragender Männer, ihr Verschwinden von der Erde, als wären sie nie gewesen, und ihren Eingang in jenes geheimnisvolle Reich, in das nur Gott schauen kann. Im ersten Kapitel wird uns die Schöpfungsgeschichte, der Anfang alles Lebens und der Ursprung der Menschheit erzählt. Im fünfzigsten lesen wir das Ende der Kämpfe, Prüfungen und Vorbereitungen zu einem neuen Leben. Im ersten Kapitel schuf Gott die Menschen, dort beginnt die Erziehung zweier Menschenkinder. Im fünfzigsten ist Gott mit der Erziehung zweier Menschen am Ziel und nimmt sie zu sich. Dieses Buch ist vollständig; es wird ausführlich darin beschrieben, wie Gott seine Leute führt und erzieht, und wie endlich die, die sich von ihm führen lassen, bekennen müssen: „Er hat alles wohl gemacht." Denn auch von dieser Neuschöpfung gilt das Wort, das wir im ersten Kapitel lesen: „Und Gott sah an alles, was er gemacht hatte, und siehe da, es war sehr gut!"

Wem hätte es Jakob geglaubt, als er einst mit dem Stab in der Hand nach Haran floh, daß ihm nach seinem Tod ein königliches Begräbnis zuteil werden sollte? Kaum hatte Joseph seinen ersten Schmerz ausgeweint und noch einmal das geliebte Gesicht geküßt, da befahl er auch schon, den Leichnam seines Vaters zu salben, um ihn für den weiten Weg, der ihm bevorstand, bereit zu machen. 40 Tage dauerte die Einbalsamierung, dann erst durften die Söhne an das

Begräbnis denken. Inzwischen hatte Joseph bei Pharao um die Erlaubnis gebeten, nach Kanaan zu reisen, um seinen Vater dort zu begraben. Es wurde ihm noch mehr zuteil als die bloße Erlaubnis. Alle Würdenträger und die ersten Männer des königlichen Hofes sowie die Ältesten Ägyptens sahen es als eine Ehrenpflicht an, Josephs Vater das letzte Geleit zu geben. Als die Nachricht das Reich durchflog: „Joseph trägt Trauer, sein Vater ist gestorben; er wird nach Kanaan gehen, um ihn zu begraben", da teilte sich dem ganzen Volk die Trauer mit. Alle wollten zeigen, daß sie Joseph und Israel wertschätzten. Der Zug, der herbeiströmte, um Jakob zu begleiten, wurde immer größer; darüber hinaus gab Pharao Joseph Wagen und Begleitung zum Schutz. Jakobs ganze Familie, mit Ausnahme der kleinen Kinder, machte sich auf den Weg. Mit großer Feierlichkeit bewegte sich der seltsame Leichenzug dem Ziel zu. Noch einmal betrat Joseph die geliebte, vor Jahren so schmerzlich beweinte Heimat; er und seine Brüder sahen noch einmal die heimatlichen Gebirge Libanon und Morija wieder. Sie erblickten den schönen, Ephraim und Manasse verheißenen Landstrich. Nachdem sie Jakob zur Ruhe gebettet hatten, besuchten sie wohl auch Rahels Grab in Bethlehem; dann zogen sie fort, um niemals wiederzukehren. So war Jakob zum zweiten Mal aus der Fremde heimgekehrt; nun würde er nie mehr in die Fremde wandern müssen. Gott war mit ihm fertig; auch er hatte seine Aufgabe vollendet, nun war seine Wanderschaft vorüber, und er durfte ausruhen. „Abel Mizraim, der Ägypter Klage", wurde der Ort genannt, wo die Familie Israel unter heißen Tränen von dem geliebten Vater Abschied nahm – zum Erstaunen des umstehenden Volkes, das solch eine Trauer nicht begreifen konnte, da es nicht wußte, was dieser Mann seiner Familie bedeutet hatte, daß er ein -

Sieger gewesen war, auf den nach treuem Kampf die Krone wartete.

Als Josephs Brüder zurückkehrten, überfielen sie bange Zweifel, wie Joseph jetzt mit ihnen verfahren werde. Wundere dich nicht, liebe Seele, daß sie nach so vielen schönen Erfahrungen noch an ihm zweifeln konnten. Wie oft hast du an deinem himmlischen Joseph gezweifelt, obwohl er sein Leben für dich gelassen hat. Sehr häufig, wenn irgendein Anlaß dich an deine Sünden erinnert hat, hast du gedacht: „Ach, wie wird es mit mir weitergehen!"

Josephs Brüder waren durch ihren Aufenthalt in Kanaan sehr an ihre Sünde erinnert worden. So ließen sie ihre Bitte vor Joseph kommen, und Joseph weinte, denn ihr Mißtrauen schmerzte ihn, ebenso wie es unseren himmlischen Joseph schmerzt. Er versicherte seinen Brüdern, daß er nicht zornig sei und fügte hinzu: „Darum fürchtet euch nicht; ich will euch versorgen und eure Kinder." So tröstete er sie und redete freundlich mit ihnen.

Was war noch nötig, um diesen schönen, von Gott selbst gebildeten Charakter zu vollenden? Der Herr schenkte ihm eine Lebensdauer von 110 Jahren. Wenn wir die ersten 30 Jahre abrechnen, dann lebte dieser Mann Gottes 80 Jahre als ein gesegnetes Werkzeug in der Hand seines Herrn, als gefeierter Herrscher eines großen Reiches. Der Herr gab ihm die Gnade, daß er nicht nur seine Enkel, sondern sogar seine Urenkel unter seiner Aufsicht, in seinem Haus zu Männern heranwachsen sah. Als der Feierabend seines Lebens gekommen war, ließ er seine Brüder zusammenrufen und sprach zu ihnen voll Glaubensgewißheit: „Wenn Gott euch wegführen wird, so nehmt meine Gebeine mit." Er wollte, wenn nicht im Leben, dann wenigstens im Tod zu Hause sein. In die Fremde hatte ihn Gott berufen, um dort große

Dinge durch ihn zu vollführen. Solange diese bereitlagen, tat er geduldig seine Pflicht; aber wo diese nun getan war, sehnte er sich heim.

Joseph starb! Nie mehr gab es solch einen Mann in Ägypten. Und für das Volk war es gewiß eigenartig, daß es seinen Beschützer wohl betrauern, aber nicht begraben durfte. Sie erkannten daran, daß er ihnen als kostbarer Schatz für kurze Zeit anvertraut gewesen war, aber nur für kurze Zeit; nun war die Frist abgelaufen, und sie mußten ihn zurückgeben.

Nach mehr als 400 Jahren zog wieder ein Zug von mehr als einer Million Menschen von Ägypten nach Kanaan. In einem prächtigen Sarg trugen sie die sterblichen Überreste des herrlichen Sohnes Israels mit sich. Mehr als 40 Jahre dauerte die Wanderung, ehe sie den Sarg endlich in die heimatliche Erde betten konnten und diese sich über ihm schloß.

So war Joseph endlich nach Hause gekommen. „Willkommen!" rauschten die Haine Morijas, „willkommen!" rauschten die Zedern Libanons und die Wellen des Jordans: „Ruhe sanft, du herrlicher, sieghafter Sohn! Ruhe sanft!"

Von Kristina Roy liegen bisher folgende Titel vor:

Ohne Gott in der Welt
Edition C, Nr. H 16, 60 Seiten. Die Geschichte vom Hirtenjungen Martinko aus dem slowakischen Dorf Raschowo ist das erfolgreichste Buch der bekannten Volksschriftstellerin.

Im Sonnenland
Edition C, Nr. H 21, 128 Seiten. Die Geschichte vom kleinen Palko auf seiner Suche nach dem »Sonnenland«.

Drei Kameraden
Edition C, Nr. H 23, 120 Seiten. Hier begegnet uns Palko wieder. Weitere seiner Erlebnisse werden von der beliebten Autorin geschildert.

Der Knecht
Edition C, Nr. H 27, 64 Seiten. Wieder berichtet Kristina Roy aus ihrer slowakischen Heimat. Die klare christliche Aussage ist für viele Leser zu hilfreicher Wegweisung geworden.

Glückliche Menschen
Edition C, Nr. H 28, 64 Seiten. Wann sind Menschen wirklich glücklich? Um diese Frage geht es der Autorin in diesem Buch.

In der Verbannung
Edition C, Nr. H 34, 96 Seiten. Eine weitere Erzählung der bekannten Schriftstellerin aus ihrer slowakischen Heimat.

Heimgefunden
Edition C, Nr. H 52, 276 Seiten. Das Buch erschien früher unter dem Titel »Die Nachbarn«.

Die zweite Frau
Edition C, Nr. H 59, 156 Seiten. Es wird erzählt, wie eine junge Frau Freude und neues Glück in das Leben und die Familie eines verbitterten Bauern bringt.

Als das Leben begann
Edition C, Nr. H 60, 64 Seiten. Die Geschichte eines jungen Lehrers, der in einem kleinen Ort eine Schule wiederaufbauen hilft. Bald findet er sich in ein ergreifendes Schicksal verstrickt.

An fester Hand
Edition C, Nr. H 62, 98 Seiten. Um die Schuld seines Vaters zurückzuzahlen, willigt der junge Michael ein, eine ungeliebte Frau zu heiraten. Doch der Glaube an den lebendigen Gott verändert das Leben aller.

Die Verlorenen
Edition C, Nr. H 64, 168 Seiten. Die sechzehnjährige Eva bemüht sich, die Liebe ihres Mannes und ihrer Schwiegermutter zu erlangen. Wie mit Gottes Hilfe alles zu einem guten Ende kommt, erzählt dieses Buch.

Das wiedergefundene Paradies
Edition C, Nr. H 66, 64 Seiten. Die Geschichte zweier Waisenkinder, die für ein ganzes Dorf zum Segen werden.

Der Fischerjunge von Galiläa
Edition C, Nr. H 74, 56 Seiten. Als der Fischerjunge sich auf den Weg macht, den neuen Propheten zu sehen, ahnt er noch nicht, daß er einmal eine Rolle im Geschehen um Jesus Christus spielen wird.

Glück
Edition C, Nr. H 77, 226 Seiten. Durch die Liebe zu einem Mädchen wird das gute Verhältnis zweier Brüder auf eine harte Probe gestellt.

Wie ich zum Licht fand
Edition C, Nr. H 78, 80 Seiten. In diesem Buch schildert die Autorin ihre Kindheit und Jugend, aber auch ihr geistliches Leben.

Um hohen Preis
Edition C, Nr. H 79, ca. 480 Seiten. Das Buch erzählt von einer kleinen Schar Menschen, die durch Härte und Lüge sich selbst viel Not bereiten.